广播电视新闻应用基础研究
Research on News Broadcasting

华金香 ◎著

◎真实性　◎时效性
◎客观性　◎倾向性
◎公开性　◎时宜性

中国戏剧出版社

图书在版编目（CIP）数据

广播电视新闻应用基础研究 / 华金香著 . —北京：中国戏剧出版社 , 2020.8
ISBN 978-7-104-04981-4

Ⅰ.①广… Ⅱ.①华… Ⅲ.①广播电视—新闻学—研究 Ⅳ.① G220

中国版本图书馆 CIP 数据核字 (2020) 第 136309 号

广播电视新闻应用基础研究

责任编辑：黄艳华
责任印制：冯志强

出版发行：	中国戏剧出版社
出 版 人：	樊国宾
社　　址：	北京市西城区天宁寺前街 2 号国家音乐产业基地 L 座
网　　址：	www.theatrebook.cn
电　　话：	010-63381560（发行部）　010-63385980（总编室）
传　　真：	010-63383910（发行部）

读者服务：010-63387810
邮购地址：北京市西城区天宁寺前街 2 号国家音乐产业基地 L 座 (100055)

印　　刷：	北京九州迅驰传媒文化有限公司
开　　本：	787mm×1092mm　1/16
印　　张：	12.625
字　　数：	170 千
版　　次：	2020 年 8 月　北京第 1 版第 1 次印刷
书　　号：	ISBN 978-7-104-04981-4
定　　价：	78.00 元

版权所有，违者必究；如有质量问题，请与出版社联系。

前 言

广播和电视从诞生至今才堪堪一个世纪的时间,这在历史的长河中不过是弹指一瞬。但令人震撼的是,在这短短的时间里,广播电视业发展得如火如荼,已经成为我们日常生活中不可或缺的一部分。

广播电视于人类最重要的作用之一就是新闻传播。广播电视新闻是个人与社会建立联系最普遍、最有效的媒介形式,也是一个国家内部建立密切联系的重要纽带。从中华人民共和国成立以来的数十年来看,广播电视新闻的制作方式、传播理念等都发生了巨大的变化,例如新闻的栏目化和板块化发展、民生新闻的崛起等。最值得一提的是,传统广播电视新闻中"照本宣科"的播音方式已经逐渐被淘汰,取而代之的是既能有效地传达新闻内容,又能对新闻事实发表独立见解的主持人或主播。这种转变充分体现了随着社会的发展,广播电视新闻的相关理念及实践都在不断更新。

本书从理论和实践两个维度进行综合论述。一方面,以广播和电视为研究对象,阐述了广播电视业的发展、广播电视新闻本体内容、广播电视新闻的传播呈现等基本理论。另一方面,结合实际对广播电视新闻的采访、写作、编辑、节目编排等应用内容进行充分论述,并分析了新时期广播电视新闻的发展变化,探讨了广播电视新闻不同体裁及所受媒体融合的影响等热点问题。这是一本立体呈现广播电视新闻相关内容的著作,适合新闻媒体、文化传播等工作者及专业研究者参考。由于新闻传播领域的内容更新很快,笔者在资料查阅和写作过程中发现,虽然广播电视新闻的相关内容十分丰富,但多已较为陈旧，本书的出版也算为更新发展之高楼添砖加瓦。

  本书在写作过程中查阅和参考了一些专家学者的研究成果，在此表示诚挚的谢意。鉴于笔者水平有限，本书仅作抛砖引玉之用，倘若能对读者有所帮助当深感荣幸。如若出现纰漏或差错，希望各位读者能多多包涵，予以指正。

作者

2019 年 7 月

目 录

前 言 ………………………………………………………………………… 1

第一章 中外广播电视业发展概况 ……………………………………… 1
  第一节 西方广播电视业发展概况 ……………………………… 1
  第二节 中国广播电视业发展概况 ……………………………… 10

第二章 广播电视新闻概述 ……………………………………………… 26
  第一节 广播电视的性质、功能与传播特点 …………………… 26
  第二节 广播电视新闻的内涵及其种类 ……………………… 38
  第三节 广播电视新闻的传播特性与传播价值 …………………… 48
  第四节 广播电视新闻工作的基本原则 ……………………………… 57

第三章 广播电视新闻的传播符号与节目类型 ………………………… 63
  第一节 广播电视新闻的传播符号 ……………………………… 63
  第二节 广播电视新闻的节目类型 ……………………………… 72

第四章 广播电视新闻选题 ……………………………………………… 79
  第一节 广播电视新闻的选题渠道与范围 ……………………… 79
  第二节 广播电视新闻的选题原则与方法 ……………………… 86

第五章 广播电视新闻的采访、写作与编辑 …………………………… 94
  第一节 广播电视新闻采访 ………………………………………… 94
  第二节 广播电视新闻写作 ………………………………………… 101
  第三节 广播电视新闻编辑 ………………………………………… 108

第六章 广播电视新闻节目的编排流程与新时代发展 115

第一节 广播电视新闻节目编辑的职责和要求 115

第二节 广播电视新闻节目的编辑流程和技巧 119

第三节 广播电视新闻节目的编排 129

第四节 新时代广播电视新闻节目的栏目化 135

第五节 新时代民生新闻的崛起 140

第七章 广播电视新闻报道体裁 148

第一节 广播电视消息报道与深度报道 148

第二节 广播电视新闻评论 158

第三节 广播电视新闻访谈与现场报道 165

第八章 媒体融合对广播电视新闻的影响 172

第一节 媒体融合对广播电视记者的要求和影响 172

第二节 媒体融合对广播新闻传播的影响 179

第三节 媒体融合对电视新闻传播的影响 184

参考文献 194

第一章　中外广播电视业发展概况

第一节　西方广播电视业发展概况

西方广播电视业的发展基于强烈的社会需求。随着第二次工业革命的开展，资本家迫切需要一种高效、实用的传播工具进行商业情报交流，这就促使西方广播电视业迅速发展壮大。在西方广播电视业的发展历程中，广播电视主要承担了宣传工具和新闻媒介两大功能，既受到各类政治集团的高度重视，成为政党宣传的强大武器，又逐渐超越历史悠久的传统纸质媒介，成为新闻报道的主流载体。

一、广播业的发展概况

西方广播业的发展可以分为4个时期，即20世纪20年代的开创时期、20世纪30年代的蓬勃发展时期、20世纪40—70年代的全盛时期，以及20世纪末以后的数字广播时代。

（一）广播业的开创时期

1844年，美国发明家、艺术家塞缪尔·莫尔斯成功用电报传送了一句话：What hath God wrought（上帝创造了什么）？这次"闪电式传播"意味着现代通讯的诞生，开创了人类新纪元。1876年，亚历山大·贝尔发明了电话。电话的发明有效地解决了有线传音技术的问题。此后，人们尝试利用电话进行新闻传播。这种有线传播的方式可以说是广播的雏形。

由于有线电报是靠电流在导线内传输信号的，要想进行通信，首先需要有线路，而架设线路会受到自然地理条件的限制，高山、海洋等会给线路架设和维修带来麻烦，进而增加了通信的困难，使得通信受到很大局限，成为传播上的遗憾。在50年后，这个遗憾被无线电报的发明弥补了。无线电通信技术使通信摆脱了依赖导线的方式，以往无法解决的自然地理条件限制也都不复存在。早在1865年，苏格兰科学家麦克斯韦提出了电磁波存在的设想。经过不断探索，德国物理学家赫兹于1887年验证了电磁波的发生和接收理论。1888年，他测量了电磁波的速度和各种不同波长的电磁波的参数，为电磁学的发展和无线电广播的应用奠定了基础。

真正使无线电通讯进入实际运用阶段的科学家是俄国物理学家波波夫和意大利发明家马可尼。1895年，波波夫和马可尼分别制成了世界上最早的无线电接收机。马可尼运用赫兹的理念，成功地将电码传到意大利的土地之外。1901年，马可尼通过无线电传送字母"S"，使其成功穿过大西洋，从而证明了无线电长距离传递信息的可能性。后来，马可尼在英国政府的帮助下将这一新发明推广到全球各地。从此，无线电的传播时代到来了。

1906年圣诞夜，加拿大人费森登在美国马萨诸塞州布兰特罗克的无线电广播实验室首次成功地进行了无线电有声广播。当时航行在大西洋海面的一艘轮船上的无线电报员从耳机里听到了费森登在朗读《路加福音》、演奏小提琴，还听到留声机里播放的音乐和圣诞问候。费森登的这次试验成为历史记载的第一次广播试验活动，被认为是广播时代的开端。

1907年，美国人李·德福雷斯特发明了三极管，用于广播的播音，实现了无线电技术的重大突破。因此，人们称德福雷斯特为"广播之父"。1908年，他在巴黎埃菲尔铁塔上播放唱片节目，被25英里外的法国军事电台收到。1910年，德福雷斯特与费森登合作，在纽约大都会歌剧院成功地转播了由世界著名歌唱家卡卢索演出的歌剧。

这些先行者为广播的问世奠定了技术基础。第一次世界大战期间，交战双方广泛使用了无线电通信和无线电话，此间，美国工程师阿姆斯特朗改进了无线电接收机的线路。1918年，他又发明了超外差电路，使得收音机能够接收到更加微弱的信号，进一步提高了收音机的性能。第一次世界大战结束后，无线电工业和技术转向民间为广播电台的发展提供了物质技术条件。在美国各地，发射塔如雨后春笋般竖立起来，种类繁多的无线电接收机出现在商店的柜台上，顾客排着长队争相购买。

第一次世界大战后，人们预见了运用于军事的无线电通讯技术必将为人们的生活带来便利，资本家们毒辣的眼光也发现了其巨大的商业价值，由此引发了一大批实验性电台的诞生。1920年，西屋电气公司的工程师康拉德在自家的汽车房里安装了一套小型广播设备，定期播放唱片，受到当地无线电爱好者的普遍欢迎。这一现象引起了西屋电气公司高层的关注，于是西屋电气公司决定将广播电台永久化，用以促进接收广播电台的收音机销售。10月，美国匹兹堡市私人经营的KDKA广播电台取得政府发放的营业执照。11月2日，KDKA电台通过及时报道美国总统大选的竞选活动过程与结果，引起了美国人民的极大关注，KDKA电台以其惊人的成功成为历史上第一家正式的广播电台。在此前后，美国出现了许多电台，大西洋电话电报公司（AT&T）在纽约开办了WNBC电台；西屋公司（Westinghouse）也在波士顿、芝加哥、纽约和费城开办了电台；通用电气公司（GE）在纽约也开办了电台。这三家公司于1919年组建了美国无线电公司（RCA）。大西洋电话电报公司后来撤出。RCA于1926年创办了全国广播公司（NBC），它有两个广播网，红网发展成了今天的全国广播公司（NBC），蓝网于1943年由美国联邦通信委员会指定卖出，于1945年发展成美国广播公司（ABC）。1937年，联合独立广播人公司和哥伦比亚图片公司系统公司联合开办哥伦比亚广播公司（CBS）。

至此，美国三大广播公司——全国广播公司（NBC）、美国广播公司（ABC）、哥伦比亚广播公司（CBS）——全部成立并播出。三大广播公司成了美国迄今为止无线广播电视业的骨干。20 世纪 30—40 年代是广播的"黄金时代"。当时的广播电台基本上都是综合性电台，即节目包括娱乐节目、肥皂剧、探险系列剧、新闻及体育报道各方面内容。但是，50 年代早期电视台大量出现后，广播便面临着最严峻的挑战，这一挑战持续了至少 20 年。到了 20 世纪 70 年代，广播在经历了 20 年的冲击之后，不断调整自己，重新定位，将面向广大大众听众的综合服务转为面向特定听众的专业化服务，向这些特定听众提供专门形式的音乐和新闻。

同时，在欧洲大陆和日本等亚洲国家，广播业也欣欣向荣地发展起来。1921 年，法国邮电部建立了本国第一座电台，通过巴黎埃菲尔铁塔进行定时广播。1922 年，英国建立英国广播公司。德国、意大利分别于 1923 年、1924 年建立无线电广播电台。日本于 1925 年成立第一家私营电台——东京广播电台。1926 年，东京、大阪和名古屋三地电台整合，成立日本广播协会（NHK）。

有线广播出现于 19 世纪后期，匈牙利最早建立大型有线广播系统。1893 年，西奥多·普斯卡在布达佩斯将 700 多条电话线连接在一起，进行新闻广播，组成所谓的"电话报纸"。从 20 世纪 20 年代开始，德国利用电话网开始建立有线广播网。

（二）广播业的蓬勃发展

1929 年资本主义世界陷入经济危机，继而引发社会动荡和民众恐慌。然而，广播业正是在这样的社会背景下迎来了自己的黄金时代。1932 年，"广播总统"罗斯福在危难中就任美国总统，面对萧条停滞的国家经济，面对迷惘恐慌的民众，面对抨击自己"新政"的政敌，罗斯福别出心裁地利用新兴的广播电台直接向全国人民解释"新政"的纲领、意义和措施，极大地鼓舞了民心。特别是 1933 年的 4 次"炉边谈话"，这种总统和民众直接交流的方式让人感到了新颖、真诚和信心，成为美国政治史和世界广播史上的里程碑。《纽约时报》称："从来没有哪一位总统能在这么短时间内叫人觉得这样满怀信心"。美国著名新闻评论家沃尔特·李普曼也极力赞扬了罗斯福的"炉边谈话"的重大意义。在这一特殊时期，广播传播快的优势得到了淋漓尽致的体现，广播新闻业务开始全面超越纸质媒介，哥伦比亚广播公司（CBS）、全国广播公司（NBC）先后在美国各个主要城市成立新闻办事处网络，建立自己的采编队伍。

1939年第二次世界大战正式爆发。这一时期诞生了广播评论、现场报道、新闻联播等诸多报道方式，伦敦大轰炸、珍珠港事件、日本投降等重大新闻也通过广播传向全世界。在二战期间，国际广播充分发挥了"心理战"作用，以德、日为首的战争宣传与以苏、英、美为首的反战宣传形成激烈对抗。1945年战争结束时，开办对外广播的国家已由二战前的27个增加到55个。[①]

（三）广播业的全盛期

二战后，世界进入了和平稳定时期。除资本主义发达国家外，许多第三世界国家纷纷创办广播电台，广播业进入全盛时期，并成为现代新闻传播的主要媒介之一。在此期间，广播的技术手段发展迅猛，调频广播、调幅广播并存；广播种类愈加丰富，综合性电台一枝独秀的局面被打破，各种专业电台，如新闻电台、交通电台、音乐电台等大量出现；广播节目的内容也更加多样化，出现了新闻节目与评论性节目、教育性节目、服务性节目等百花齐放的局面。广播的影响逐渐深入到社会生活的各个领域。

（四）数字广播时期

20世纪70年代，由于电视传播的逐渐普及，广播受到了前所未有的挑战。在许多国家和地区，广播的收听率明显下滑，电台企业纷纷转向电视业务，开始减少或终止正在进行的广播改进试验。

---

① 赵水福：《国际广播探析》，中国广播电视出版社1987年版，第62页。

20世纪末全球进入信息时代,借助电子技术的发展,数字广播的出现为广播业带来了革命性的变化。1994年1月,"美国之音"成为世界上第一个与因特网连接的国际广播电台。截至1998年年底,全球97个国家的100家国际广播电台中已有55家在因特网上建立了网页。[①]2004年年初,"播客"开始进入全球公共广播电视领域。这种新型的数字广播技术很快得到许多大型媒体机构的青睐。美国在线(AOL)、英国广播公司(BBC)、娱乐与体育节目电视网(ESPN)等媒体纷纷在自己的电台或网站上播出"播客"内容。当前广播在经历了调幅、调频模拟技术发展阶段后,正式进入数字音频广播新阶段。

二、电视业的发展概况

(一)电视业的诞生

1926年,英国科学家贝尔德发明了电视,揭开了电视业发展的序幕。随着电子技术在电视上的应用,电视开始走出实验室,进入公众生活之中,成为真正的信息传播媒介。1928年,纽约31家广播电台进行了世界上第一次电视广播试验。[②]虽然当时的技术尚不成熟,电视显像持续时间很短,收看人数也极少,但其宣告了电视业作为社会公共事业正式问世,具有划时代的意义。1932年,法国在巴黎建立了实验性的电视台,1935年开始不定期播放节目。1935年,德国成立了电视节目机构,并于当年3月22日开始在柏林正式播出节目。1936年,柏林奥运会每天进行长达8小时的实况报道,共有16万多人通过电视观看了奥运会的比赛,这是年轻的电视业的一次重大亮相。1936年,11月2日,坐落在英国伦敦的世界上第一座正规的电视台向公众正式播送电视节目。随后,当时仍然相当昂贵的电视在英国的中上层家庭中逐渐普及。1937年英王乔治五世加冕大典播出时,英国的电视观众已有5万人

---

① 蔡凯如、黄勇贤:《穿越视听时空:广播电视传播论》,新华出版社2003年版,第99页。
② 转引自董小川:《世界文化史》,高等教育出版社2002年版,第488页。

左右。1938年9月30日,英国广播公司(BBC)播出了英国首相张伯伦从慕尼黑谈判归来的新闻,实现了新闻的第一次电视实况转播。1939年4月30日,美国无线电公司用电视转播了罗斯福总统在世博会上的开幕词和纽约市市长带领群众示威游行的事件。美国人第一次在电视上看到总统的形象,成千上万的人涌入百货商店观看这个新鲜场面。1939年3月10日,莫斯科电视台也开始定期播出节目。

(二)电视业的恢复与发展期

随着第二次世界大战全面爆发,新生的电视业遭遇到极大的挫折,大多数国家都中止了对电视业的投入和研究,英国、法国、苏联等多国电视台在战争中先后停播。

二战结束后,众多因战争而中断电视业的国家开始恢复电视台播出和对电视业的投入研究,墨西哥、巴西、澳大利亚等战前未开办电视台的国家也纷纷成立电视台。1945年11月8日,法国成立广播电视公司;1946年6月,英国广播公司(BBC)恢复了电视播出。美国电视业发展则更为迅速,从战争期间的6家电视台猛增到1946年的108家,以至于联邦通信委员会不得不实行冻结政策,暂停批准电视台。1952年冻结政策解除,美国新电视台立刻像雨后春笋般涌现。截至1960年,全美已有530多家电视台,88%的家庭都拥有了电视机。[1]一些幽默剧、轻歌舞、卡通片、娱乐节目和好莱坞电影常常在电视中播出。千变万化的电视节目在公众中引起了强烈反响,一时间公众几乎抛弃了其他的娱乐方式,闭门不出,完全沉浸在电视丰富多彩的节目里。

20世纪50年代,电视新闻逐渐发展起来。1951年,美国哥伦比亚广播公司(CBS)将广播新闻节目《现在请听》嫁接到电视领域,创办了CBS名牌电视新闻节目《现在请看》,随着该节目高效地将世界各地的新闻事件播放给美国民众,电视新闻日益火爆,掀起了各家电视网之间的第一次电视新

---

[1] 林山:《电视:由"看"到"用"》,孟春明等:《万物搜索》(上),北京日报出版社2016年版,第148页。

闻大战。这也是第一个带有评论性质的电视新闻时事专题节目。"电视杂志"的概念在这一时期被提出,全国广播公司(NBC)开办了今天收视率依然很高的《今天》《今晚》等节目。

(三)电视业的成熟期

20世纪60年代,电视的政治宣传、新闻传播功能得到了淋漓尽致的体现。1960年美国总统大选,电视将肯尼迪与尼克松的辩论直接传递给每位观众,让观众真切地感受到电视的魅力,这几场电视辩论也成为美国广播电视史的经典名段。1963年,美国总统肯尼迪遇刺,90%以上的美国人通过电视观看了事件的最新报道,美国无线电公司的转播卫星把肯尼迪遇刺图像传送到23个国家,实现了重大新闻的全球性传播,标志着电视新闻地位的历史性转变,这在电视传播史上具有至关重要的意义。此后,越南战争、美国民权运动等重大新闻开始走上电视荧幕,电视新闻逐渐占据黄金时段,节目时间从15分钟延长到30分钟,再到60分钟,时间越来越长。1969年7月,美国宇航员阿姆斯特朗成功登上月球,47个国家的10多亿观众从电视上见证了人类第一次登月的历史性时刻。

1967年美国开始建立公共电视系统,这是电视业史上的一件大事。它改善了电视节目的供求体制,使教育、儿童和特别类节目的观众得到满足。儿童节目《芝麻街》《电子公司》等,不仅在美国产生了普遍影响,也风靡了全世界。[①]

随着科技进步,电视业得到了新的发展。由于技术限制,初期的电视节目主要在演播室和事件现场直接播出。新闻性节目大量采用影片拍摄,这就导致新闻的时效性不能保证。录像机的出现标志着制播分离开始了。轻型摄像机和可移动式录像机结合所形成的ENG技术更是极大地提高了电视新闻的采制速度,采录摄录同步,节目制作由"分割式"剪辑过渡到"并行"剪辑。

[①] 梁毓琳:《2013年中国广播收听市场分析》,《声屏世界(广告人)》2014年第5期,第158页。

自此，电视记者可以迅速到达新闻事件现场，并能够通过转播设备同步报道重大事件，电视新闻向现代化电子图像方面迈出了关键性的一步。伴随着彩色电视兴起，1954年全国广播公司（NBC）播出了68小时彩色节目，1956年达到500小时；日本、加拿大分别在1957年、1966年采用同一制式播出。①这些"电视大观"节目以豪华的布景、缤纷的色彩和著名的人物为号召，吸引了大量的观众，淋漓尽致地展现了节目现场，让观众有身临其境的感觉。

技术的进步推动了20世纪70年代有线电视频道的大幅增加。1972年，美国建立了第一个有线电视节目频道家庭影院，以播出电影为主，不播广告。英国、联邦德国、法国、卢森堡、瑞士等国先后开办了通过卫星向西欧电视网提供节目的电视台，其中有对西欧各国广播的"空中电视台""超级电视台"，联邦德国、瑞士、奥地利合办的"三星电视台"（德语），卢森堡广播公司的"卢森堡电视新台"，法国的"电视5台"。20世纪70年代，美国利用卫星向国外传送节目，这标志着国际电视的诞生。1980年，特德·特纳创办了全球第一家全天24小时播出新闻的美国有线电视新闻网（CNN），迅速成为现场直播新闻节目的领头羊。

总而言之，在西方，广播电视业总体上处于高速发展的状态。究其原因，一是广播电视的巨大商业价值得到重视，资本家们纷纷进军广播电视业以占取新兴市场；二是广播电视的政治宣传功能强大，西方各国注重以广播电视进行新闻播报、政治动员。

---

① 黄雪平：《车载和智能端成为广播收听主流》，《中国广播》2019年第1期，第17页。

第二节　中国广播电视业发展概况

中国是较早使用无线电的国家之一。早在1905年秋天，袁世凯就已在天津开办无线电训练班，购置无线电收发报机，开始使用无线电报。囿于近代中国特殊的社会形势，我国广播电视业虽然起步较早，但相较于西方国家，发展却较为缓慢。直到中华人民共和国成立，特别是在改革开放以后，中国广播电视业迎来了跨越式发展，也体现出与西方广播电视业不同的成长特点。

一、中华人民共和国成立前的广播电视业发展概况

（一）北洋政府时期外国人创办的广播电台

20世纪20年代，上海出现一批由外国人创办的广播电台，这是中国广播业的开端。1922年年底，美国人奥斯邦在上海创立中国无线电公司，并与英文《大陆报》合作，创办了"大陆报—中国无线电公司广播电台"，发射功率50瓦，呼号XRO。这是中国境内开设的第一座广播电台，距世界上第一个商业电台KDKA广播电台开始播音仅仅两年有余。XRO电台于1923年1月23日晚8点正式开始播音，每天播放节目约1小时，主要内容包括音乐、娱乐节目及由《大陆报》提供的国内外新闻报道，星期日还播放宗教类节目《祈祷》《布道》等。为推广其无线电产品，XRO电台还举办无线电常识讲座节目。这种"空中传音"的新兴事物不仅在上海市民中掀起一股广播热，就连孙中山、黎元洪等政界领袖和知名人士也给予了极大的关注。XRO电台开创了中国利用广播进行政治宣传的先河，在其开播第3天，播出了孙中山在上海发表的《和平统一宣言》，随后孙中山向《大陆报》和中国无线电公司把广播成功引进中国表示祝贺。但可惜的是XRO电台开播不久就因违反了北洋政府的《电信条例》而遭到取缔并停播。继之而起的是1924年美国开洛电话公司与《申报》

合作开设的开洛广播电台。开洛广播电台历时5年之久,每天播音长达4小时,上午播放内容为汇兑市价、钱庄兑现价格、蔬菜上市行情,晚间播放内容为重要新闻及百代公司留声机新片、音乐、名人演讲等。[①]

此后,在上海、武汉一些享有特权的外国租界中,陆续出现了一些外国侨民开办的广播电台。这些行为虽然侵犯了我国无线电主权,但是他们把无线电广播这一20世纪初的重大科技成果引入中国,客观上对开阔国人视野、促进知识传播及助推中国无线电广播业的兴起,具有一定的积极意义。

(二)北洋政府的官办广播

北洋政府也深切认识到广播电台的重要作用,不仅积极制定无线电广播法令,而且致力筹建官办广播电台。1926年10月1日,在奉系当局支持下,"哈尔滨广播无线电台"正式创立,这是由中国人建立的中国历史上第一座官方广播电台,发射功率100瓦,波长280米,呼号XOH,每天播音2小时,内容为新闻、钱粮行市、音乐、演艺等。1928年1月1日,奉系当局又成立了沈阳广播电台,即"九一八"事变前东北最重要的广播电台。沈阳广播电台不仅播放新闻、音乐、政要演讲等,在文化普及、商情传播等方面也起到了一定作用,而且在反对日本军国主义方面做了大量的宣传工作。

1927年3月19日,上海新新公司开办了中国第一座私营性质的商业广播电台——上海新新公司广播电台。该电台功率50瓦,波长370米,每天播音6小时,内容为时事新闻、商业信息和中国音乐。在此之后,各地商营广播电台纷纷建立,如1927年5月,天津广播无线电台开始广播(呼号COTN,发射功率500瓦);同年9月1日,北京广播无线电台开始播音;同年年底,燕声广播电台现身北京。

纵观早期的中国广播业,发射功率一般比较小,无线电台也仅限于北京、上海、哈尔滨、沈阳等大城市及周围,尚未出现全国性的中央台。因此,广

---

① 梁毓琳:《2010年中国广播市场回顾》,《传媒》2011年第6期,第11页。

播业只是初具雏形,影响力尚未得到全面体现。

(三)国民政府的广播事业

1927年,中国进入国民政府统治时期。为了在全国"统一政令,统一舆论",国民政府从一开始就注重加强对宣传的控制。1928年8月1日,中国国民党中央执行委员会广播无线电台(简称"中央广播电台",呼号为XKM,功率500瓦)在国民党中央党部大礼堂开始播音。这是国民政府继《中央日报》、中央通讯社后组建的第三个以中央命名的宣传机构,也是中国第一座真正意义上的国家级广播电台。它播报的内容有新闻、决议案、国内要闻、国际要闻、军事消息、名人演讲、施政报告、通令报告、纪念典礼、宣传报告等。1932年,为进一步扩大宣传,国民政府引进德国进口设备,将其建成新台,呼号改为XGOA,功率扩充为75000瓦,信号不仅覆盖中国大部分地区,还覆盖了美、澳、印、苏等国家的一部分地区,成为当时亚洲发射功率最大、世界第三的广播电台。

之后,国民党陆续在全国一些主要城市和地区,如杭州、北平、广州、上海等地建立了多家广播电台,以转播中央广播电台的新闻节目,扩大其政治影响。截至1936年1月,国民党创办的公营电台达到了76座,包括中央系统、交通系统、地方政府,同时还出现了诸多的私营电台、教育电台、宗教电台等。

国民党政府开始以立法形式加强对全国广播事业的管控,如1932年11月发布《民营无线电台暂行取缔规则》,1936年6月发布《指导全国广播电台播送节目办法》。1932年夏天国民政府成立中央无线电台管理处,直属于国民党中央执行委员会,1936年更名为中央广播事业管理处,负责审批和取缔广播电台、分配电台波长、审核节目内容、制定广播法规,监督全国所有官办、私营的广播。国民党政府就曾明文规定:全国各地的广播电台必须转播中央台晚间7点的新闻节目。这成为中国广播史上新闻联播节目的开端。

1937年抗日战争全面爆发后,国民党广播电台破坏严重,中央广播事业管理处所辖各台总发射功率还不到抗战前的 1/10。东北、华北、上海的广播电台相继落入日寇手中，福州、西安、长沙等地国民政府中央广播电台扩容后则纷纷迁往边远地区。中央广播电台随国民党政府迁往重庆，于 1938 年 3 月 10 日在重庆恢复播音，发射功率降为 10 瓦。抗战相持阶段，英、美等国家施以援手，国民党的广播事业逐步得到恢复，并有了新的发展。1939 年，中国政府第一个短波国际电台成立，1940 年正式更名为国际广播电台。该台内容以新闻和时事评论为主，使用英语、德语、法语、荷兰语、汉语、闽南语等多种语言，最多时达 20 多种语言，每天播音 12 小时，为抗战争取国际支持和国际援助，促进反法西斯联盟的建立发挥了积极的作用。日本战败投降后，国民党政府中国广播管理处分赴各地接收日伪电台 21 座。截至 1947 年 9 月，国民党统治区共拥有 130 多座广播电台，其中由国民党中央广播事业管理处管辖的广播电台 42 座，总发射功率 406 千瓦。全国共有收音机 100 多万台。

（四）人民广播事业的诞生

中国共产党领导的人民广播事业开始于抗日战争时期，并从一开始就注重广播强大的宣传和社会动员能力。1940 年 12 月 30 日，中国共产党领导下的第一座人民广播电台——延安新华广播电台开始试验播出（呼号 XNCR，发射功率 300 瓦）。创办初期的延安新华广播台每日 1 次播 2 小时，后增至每日 3 次播 4 小时，播音的主要内容有中共中央重要文件、重要社论和文章、国内外时事新闻、名人演讲、科学常识、革命故事、抗日歌曲、戏曲等。广播稿由新华社广播科编写，每天由通信员骑马将广播稿从新华社所在的清凉山送往延安新华广播电台所在的王皮湾村。

延安新华广播电台的建立，在中国广播业上有着特殊历史意义。抗日战争全面爆发时期，共产党的报刊与宣传品很难到达大后方与沦陷区，延安新华广播电台在宣传共产党主张，传递战争形势与政治动向、社会动态，激励、鼓舞人民爱国抗战热情方面起到了重要的作用。抗战后期斗争环境艰苦，不能保证无线电器材来源，延安新华广播电台的机器时常发生故障，播出时断时续，1943年终因主要零部件失效，被迫彻底停止，直到1945年9月5日，经过多方努力才正式恢复播音。

内战全面爆发后，随着解放战争局势的变化，延安新华广播电台先后进行过3次大转移。1947年胡宗南部队进犯延安，电台发射机房和播音室成为重要轰炸对象之一，延安新华广播电台秘密转移到瓦窑堡好坪沟一座小庙里继续播音。同年3月21日，其改名为陕北新华广播电台（呼号未变）。1947年4月1日，电台又随新华社总部迁往太行山麓新社址，并于9月11日开办英语新闻广播节目。1948年5月23日，又由太行北上迁往河北省平山县西柏坡村。此时正值辽沈、淮海、平津三大战役进行之时，陕北新华广播电台积极配合前方军事斗争，发表有关战局的评论文章，动员和组织人民群众支援解放战争，并且向国民党官兵宣传中国共产党的主张和政策，从政治上分化瓦解敌军。毛泽东曾在淮海战役中撰写了3篇广播稿，即《人民解放军总部向黄维兵团的广播讲话》《刘伯承、陈毅两将军向黄维兵团的广播讲话》《敦促杜聿明等投降书》，这些广播讲话起到了很好的宣传效果。

1949年，北平和平解放，随后陕北新华广播电台迁往北平并更名"北平新华广播电台"，成为具有中央台性质的广播电台。同年6月5日，中共中央成立中央广播事业管理处，主管全国广播事业。这标志着广播电台与新华社总社分离，开始成为独立的新闻机构。1949年9月27日，北平新华广播电台更名为"北京新华广播电台"，并于10月1日下午3点，在天安门直播了中华人民共和国成立的现场盛况。这是中国人民广播史上第一次大规模全国性直播。

1949年12月5日，北京新华广播电台更名为中央人民广播电台，成为我国广播宣传的中心。随后，各地的新华广播电台也先后改为"某地人民广播电台"。1949年10月1日，中央广播事业管理处扩充为中央广播事业管理局，由中央人民政府新闻总署领导。[①]遍布全国的广播网已具规模，中华人民共和国广播事业进入全面发展阶段。

二、中华人民共和国成立后的广播电视业

（一）中华人民共和国成立初期的广播电视业

1949—1965年间，我国广播业取得的主要成就是建立起以中央台为中心的广播网体系。

中华人民共和国成立初期，全国广播电台分成中央台、大行政区台（东北人民广播电台、西北人民广播电台、华东人民广播电台、华南人民广播电台和西南人民广播电台）、省台和市台四级。大行政区台于1954年撤销，接着中央对近代中国遗留下来的30多座私营广播电台以赎买的形式进行了社会主义改造。到1956年，经数次调整，形成了中央台、省台、市台三个层次的广播业网络。中央人民广播电台是全国广播宣传中心，下辖地方广播电台56座（省级广播电台27座）。这一架构奠定了中国广播业规模，一直沿用至今。其间，中华人民共和国成立以来所有重大的事件均通过广播传播到中国的四面八方，广播起到了重要的社会动员和宣传鼓动的作用。

中国电视业创建于20世纪50年代后期。早在1955年，建立电视台的建议就被列入国家的"文教五年计划"。1957年台湾当局决定在1958年"双十节"开始电视播出。受历史遗留因素影响，大陆加快了筹办电视的步伐。1958年5月1日晚7点，中国第一座电视台——中央电视台的前身——北京电视台使用二频道试播黑白电视，9月2日正式播出。第一次电视播出的时间大约持续了1个小时，主要内容有先进生产者"庆祝五一"座谈会，新影厂电视纪录片《到农村去》，诗朗诵《工厂里来了三个姑娘》，舞蹈《四小

[①] 石炜：《行到水穷处 坐看云起时——广播电视报刊未来发展初探》，《电视研究》2006年第10期，第24页。

天鹅舞》《牧童与村姑》《春江花月夜》，苏联纪录片《电视》。[1]

北京电视台一诞生，就显示出极大的活力。凭着初期简陋的设备，北京电视台报道了国庆大典、我国第一颗原子弹爆炸、第一颗导弹发射成功、天安门广场的阅兵式和游行等重大事件，播出了我国电视史上第一部电视剧《一口菜饼子》，直播了第26届世界乒乓球锦标赛、八一男女篮球队和北京男女篮球队的友谊比赛等电视节目。国内其他省市电视试验台也陆续开播，1958年10月1日上海电视台开始试播，12月20日哈尔滨电视台（即今天的黑龙江电视台）开始试播。1958—1960年，吉林、广东、辽宁、江苏、山东等省市的电视试验台相继开播。截至1961年年底，全国共建地方电视台19座。[2]从此，中国广播业由声音广播发展到声像广播。

中华人民共和国成立初期，我国电视节目的制片能力还很弱，播放内容以电影和新闻纪录片为主。需要注意的是，这一时期，电视主要是为政治服务，充当党和国家的舆论宣传工具。

（二）改革开放后广播电视业全面崛起

1966—1976年间，我国广播电视业遭到了沉重的打击，发展曲折缓慢。1978年，中国共产党第十一届三中全会正式确立了中国改革开放的总方针，以政策突破、技术突破、整体转型为标志，停滞已久的中国广播电视业在客观环境和主观需求的双重推动下迅速恢复并发展起来。

首先，在大量停播的节目恢复播出的同时，增设了很多新的节目。如1976年7月1日，《全国电视台新闻节目联播》开始试办，1978年1月1日，《新闻联播》正式播出，以首都为中心的全国电视新闻广播网正式形成。

其次，广播电视业从思想上正本清源，为尽快回到"自己走路"的正确

---

[1] 石炜：《行到水穷处 坐看云起时——广播电视报刊未来发展初探》，《电视研究》2006年第10期，第24页。
[2] 丁柏铨：《中国新闻传播事业40年发展中的10个关键节点——写在纪念改革开放40周年之时》，《新闻与写作》2018年第8期，第60页。

轨道上来而廓清道路。1980年10月召开的第十次全国广播工作会议指出，广播电视宣传应"内容正确，富有思想性，形式多样，生动活泼地反映着我们这个伟大时代的脉搏，则效果就好……"[①]。这就要求电视节目的内容与形式改革，此后，电视新闻空洞的政治宣教成分大大减少，受众真正关心的国内外重大新闻渐渐增多，凸显了电视新闻本该具备的"短、新、快、活"特点，一些针对性强、受众面广的实用性、知识性、服务性节目也陆续出现。

最后，以"事业单位企业化管理"思路探索广播电视业经营新形式。1979年1月，上海电视台成立了广告业务科，并很快播出了中国第一条电视商业广告。这一事件拉开了中国电视管理体制向产业化方向变革的序幕。1979年11月，中宣部正式发布了《关于报刊、广播、电视台刊播外国商品广告的通知》，对电视等大众媒体发布商业性广告的行为给予了政策上的认可。电视媒体经营意识逐渐成长，尤其是在经济运作和财务核算体制上，慢慢摆脱完全的"财政供给型"运作模式，向"财务承包型"的新型运作模式转接过渡。从早前被单纯作为政治斗争工具的广播电视开始回归媒体自身的信息传播职能和经济利益诉求本性。

1983年第十一次全国广播电视工作会议召开，中国广播电视业迎来了一次巨大突破。这次会议提出要以新闻改革为突破口，带动整个广播电视宣传改革，并提出实行中央、省、有条件的地（市）和县"四级办广播、四级办电视、四级混合覆盖"。一时间，我国广播电台、电视台增长速度迅猛，截至20世纪80年代末，我国广播电台、电视台数量分别由1978年的93家、32家发展到583家、509家，广播电视综合人口覆盖率显著增加，以新闻节目的改革为重点，广播电视改革全面启动。从80年代中期开始，中央电视台先后开办了《午间新闻》《晚间新闻》《早间新闻》等不同时段的新闻栏目，

[①] 张香山：《坚持自己走路，发挥广播电视的长处，更好地为实现四个现代化服务》，北京广播学院新闻研究所：《广播电视论丛》（上集），中国广播电视出版社1985年版，第120页。

专题新闻、专题报道、新闻纪录片、新闻杂志等大量新的报道形式不断涌现，节目制作呈现多样化。1986年，杭州电视台开办了每周三次的《早晨好》新闻专栏节目，融新闻、信息服务、文娱、报刊摘录为一体。1988年，《新闻联播》实行改革，以"多层次、全方位、大容量、高时效"为目标，新闻容量由10~20条新闻发展到每次播出36条左右，树立起"要闻总汇"的形象。[①] 同一时期，较有代表性的是珠江经济广播电台的改革，它抛弃了传统的"录播"方式和"分割式"节目编排，采用"新闻信息为骨架，大板块主持人节目为肌体"的形式，每逢半点播出新闻，每逢整点播出经济信息，其他时间则灵活安排，充分考虑观众的需求，用热线电话与观众面对面交流。这一成功案例掀起了各地广播电台的改革创新浪潮，一时间以经济信息为主、娱乐新闻为辅的广播电台如雨后春笋般涌现。

（三）20世纪90年代广播电视业深化改革

1992年，邓小平"南方谈话"推进了改革开放政策的进一步深入，中国掀起了市场经济发展的新一轮高潮，我国广播电视业改革进入到全面深化的历史时期。

20世纪90年代，中国广播业的探索也日益求新。为应对电视的发展对广播形成的严峻挑战，广播在形式和规模上实现了多重转变。统计数据表明，1990年全国广播电台为635座，节目套数为750套，平均每天播出时间为6297小时，截至1995年年底，全国广播电台发展为1202座，节目套数为1414套，平均每天播出时间为13736小时。具体来看，一是广播与窄播并存，大众向小众分流。除了原来的综合台，还出现了新闻台、经济台、文艺台、音乐台、交通台、儿童台等。二是大力加强新闻节目在节目总量中的比例，整点新闻滚动播出，推出类似中央台《新闻纵横》这样的新闻评论性节目，广泛采用现场报道、记者口述等方式。三是大力发展、充分发挥广播的优势，

---

① 黄匡宇：《理论电视新闻学》，中山大学出版社1996年版，第20页。

采用直播形式以增强实效。1992年10月全天候24小时直播的东方广播电台开播,更是树立了这一时期广播改革的标杆。东方广播电台强调受众第一,全方位为听众进行信息服务的全新传播理念,以新闻为主体,以《东方传播》《792为您解忧》等一系列为听众服务的节目为辅助,运用热线电话开办谈话类节目,甚至在每天凌晨零点到五点的"广播沙漠地带"也安排了谈话类节目《相伴到黎明》。节目时间的延长,节目内容的更新,表明20世纪90年代我国的广播已从节目生产改革走向节目布局改革。

20世纪90年代的中国电视业逐步适应市场经济特点,走向产业化发展道路,从过去政治控制下的单向传播状态走向多种社会力量交互作用下的多向、信息化传播格局。

首先,电视媒体充分挖掘电视广告的创收空间。1991年,电视广告首次跃居中国四大广告传媒榜首,当年广告收入达10亿元,1992年进一步增加到20.5亿元。特别是中央电视台,凭借自身特殊的国家级媒体地位,在不到10年的时间里,广告收入从1991年的2.7亿元增加到2000年的57.5亿元,开创了广告招标的新型广告经营模式。

其次,自负盈亏、栏目个性化、制片人等概念,成为这个时期中国电视体制改革的主导性概念。1993年,央视《东方时空》栏目的成立对中国电视业的发展影响重大。一方面,它为中国电视观众带来了全新的收视体验,打破了长期以来笼罩在电视新闻界"宣传至上"的思想,电视纪实语言获得了突破性变革,将字正腔圆、居高临下、具有权威感的"新华体"新闻语态转变为鲜活、幽默、风趣的"中新体"语态,打破了媒体和受众之间的隔阂感,"使新闻接受者有了人际交流的角色认同和情感互动的愉悦"[①]。另一方面,从电视运作的意义上来说,《东方时空》创新了一种崭新的模式——制片人体制。90年代中国电视主流体制中其实还包含相当多的80年代国营电视体制的因

[①] 孙玉胜:《十年——从改编电视的语态开始》,生活・读书・新知三联书店2003年版,第47页。

素：政府在财权和人事权方面对电视台具有相当的话语权，电视台经费往往由电视台领导决定，事业单位名额限制往往将优秀人才阻隔于电视台大门之外。而从电影生产中借用过来的制片人体制的兴起赋予电视人更多的资金和人事方面的自主权。作为节目的主创人员和总负责人，《东方时空》的制片人享有人员的录用、岗位分配、待遇设定等权力，栏目5分钟的广告收入即为包干经费，不用上级拨款，完全商业化运作。制片人体制充分贯彻了电视栏目化的理念，大大减少节目生产决策环节，对市场反应更加快捷，而一档节目只要符合市场规律，就能够获得资金和人事保障，这无疑给电视人的创新提供了崭新的动力。

最后，频道专业化也是这一时期电视改革的重点。过去综合台一统天下的局面逐步被以综合台为主打，以对象化、专业性电视台为补充的多元一体的传播格局所取代——从中央到各省、市电视台大都依据电视传播的内在规律和电视观众的特定需求，以内容来定位，以频道为结构单元，对节目的栏目的归属进行进一步细分。以中央电视台为例，至2001年，其已发展出定位明确的11个专业频道，包括新闻频道、经济频道、综艺频道、国际频道、体育频道、电影频道、农业军事频道、电视剧频道、英语频道、科教频道、戏曲频道。各种专业频道的出现，对于满足不同受众群体需求，扩大信息传播量，发挥了积极作用。

（四）21世纪广播电视业的繁荣发展

进入21世纪，互联网、手机等新媒体技术进一步发展，广播电视媒介的节目制作、传播渠道、接收方式和经营方式也因此发生了巨大改变。以广播电视体制机制改革创新与广播电视数字化发展为主要标志，我国广播电视业开始了又一次重大突破。

第一，新闻改革持续推进。2003年5月1日，中央电视台新闻频道正式开播，全天候滚动播出新闻，并细分为整点新闻、分类新闻（财经、体育、文化、国际）及新闻背景、新闻评论、新闻调查、舆论监督、民意调查、法制等各种节目形态,对整点新闻和分类新闻进行补充和深化。2008年是中国电视史上具有特殊意义的一年,这一年中国电视媒体第一次在重大事件面前全面承担起社会守望者的角色。汶川地震和北京奥运,在举国悲欢的情绪中,中央电视台作为观众耳目的延伸,将触角深入到灾区第一线和赛场最前沿。微波、卫星、移动卫星站、电话及互联网等各种手段的运用,实现了新闻直播常态化及全国电视新闻网的联合。21世纪以来,曾一度被认为是在中央台和地方台的夹缝中求生的省级台,通过对渠道和内容资源的运作,突出本土特色,关注本地的重大事件,同时利用央视、地方媒体触及不到的空白资源推出特色节目。如深圳卫视《直播港澳台》,与新浪网、搜狐网、香港TVB、台湾等主流媒体展开战略合作,深入港、澳、台新闻现场,邀请重量级港台知名新闻人,剖析两岸政治局势。这一时期的电视新闻还注重多元化形式,在遵循电视新闻基本规律下,跳出因新闻做新闻的传统思路,充分吸引观众眼球。如湖南经视《新闻故事会》,仿效时下流行的电视剧拍摄方法,用情境再现方式重现新闻事件;中央电视台2012年春节期间推出的《新春走基层》,则运用纪录片拍摄手法,跟踪记录;江苏电视台《南京零距离》改为《零距离》后,引入了视频连线、嘉宾采访、微博等多种元素,互动中体现出台网联动的发展优势。

第二,制播分离。所谓制播分离,是指将广播电视节目制作从广播电视播出机构中以某种形式分离出来的一种市场化导向的节目交易机制。[1]1999年前后,"制播分离"是我国的热门话题,并在此后的十余年中经历了三轮大的政策调整。

第一轮大的政策调整发端于1999年。1999年7月8日至10日,国家广播电影电视总局在上海召开"全国广播影视系统内部管理座谈会",明确提出要"积极推进除新闻节目以外的其他广播电视节目播出与制作分离,逐步

---

[1] 顾宜凡:《论制播分离的内涵、逻辑悖论及必要条件》,《新闻战线》2008年第8期,第43页。

发挥市场机制对广播电视节目的基础作用"。①制播分离正式作为行业管理指导意见被明确提出。1999年10月16日至18日，由中央电视台研究室、湖南电视台联合主办的"中国电视产业经营节目创新高级研讨会"在长沙召开。与会专家学者将制播分离改革划分为广义和狭义两个层面。其中，广义的制播分离指将除新闻节目以外的节目制作交由独立制作公司完成；狭义的制播分离指在电视台系统内部实现节目制作部门的独立运作。这实际上概括和总结了当时电视节目制作市场上已经存在的"体制内制作"与"体制外制作"两种实践方式。在此之后，尽管国家广电主管部门的制播分离政策有较大反复，但从电视台的角度来说，大体保持了不断探索和推进的基本态势。

第二轮大的政策调整启动于2009年。2009年7月8日，国家广电总局召集各地广电厅局长齐聚哈尔滨，着重讨论推进制播分离改革。2009年7月6日，国家广电总局出台《关于推进广播电视"制播分离"改革的征求意见稿（修改稿）》，明确提出实施制播分离改革的主要任务就是深入推进节目播出机制改革，改变单纯的自制自播模式。2009年8月27日，国家广电总局以66号文的形式印发了《关于认真做好广播电视制播分离改革的意见》，明确影视剧、影视动画、体育、科技、娱乐等节目栏目可由节目制作公司策划、制作、编辑、包装、推广和销售的机制。此后，中央电视台和各省级电视台都在不同程度上开始了自上而下、由内而外的制播分离实践。

第三轮大的政策调整起始于2013年。2013年11月9日至12日召开的中共十八届三中全会通过《中共中央关于全面深化改革若干重大问题的决定》，其中第39条明确提出，要"在坚持出版权、播出权特许经营前提下，允许制作和出版、制作和播出分开"②；2014年4月2日，国务院办公厅印发《关

---

① 王文锋、何春雨：《中国文化产业学术研究大系 中国文化产业政策研究》，云南人民出版社2015年版，第156—157页。
② 中华人民共和国国务院新闻办公室：《中共中央关于全面深化改革若干重大问题的决定》，http://www.scio.gov.cn/m/32344/32345/32347/32756/xgzc32762/Document/1415757/1415757_10.htm，2013-11-19。

于印发文化体制改革中经营性文化事业单位转制为企业和进一步支持文化企业发展两个规定的通知》，两个《规定》修订完善了包括财政税收、投资融资、资产管理、土地处置、收入分配、社会保障、人员安置、工商管理等在内的一系列推动文化改革发展的重要经济政策。上述《决定》和《规定》，为包括电视制播分离在内的新一轮文化体制改革提供了有力的政策支撑。2014年8月18日，中共中央总书记习近平在中央全面深化改革小组第四次会议上的讲话中提出，要"着力打造一批形态多样、手段先进、具有竞争力的新型主流媒体，建成几家拥有强大实力和传播力、公信力、影响力的新型媒体集团，形成立体多样、融合发展的现代传播体系"。这为下一阶段的电视制播分离指明了方向，即要与推进媒体融合发展、打造新型主流媒体有机地结合起来。

第三，竞争格局重构，省级卫视异军突起。1997年7月，湖南卫视创办了《快乐大本营》。《快乐大本营》不同于过去综艺节目正统、庄重的形象，集游戏、表演、竞技、参与和搞笑于一体，颠覆了人们对于电视综艺节目的概念，迅速得到了一大批年轻受众的喜爱。一时间，《欢乐总动员》《开心辞典》等各种娱乐节目如雨后春笋般涌现，彻底改变了电视节目长期以来"新闻＋电视剧"的结构形态。2004年湖南卫视继续推出一档全新的娱乐节目《超级女声》。《超级女声》以平民广泛参与、评判公开化、全程跟踪式直播掀起了一场声势浩大的"全民星"狂欢运动，也将中国娱乐节目推向新的高潮。在活动期间，湖南卫视收视率直线飙升，同时段收视率仅次于中央电视台一套，排名全国第二。资源、实力略逊一筹的省级卫视，终于找到与中央电视台相抗衡的发力点。此后，浙江卫视、江苏卫视、东方卫视等省级卫视先后推出《我爱记歌词》《非诚勿扰》等娱乐节目，娱乐节目成为省级卫视争夺的重要战场，收视率市场上央视一枝独秀的格局就此打破。

第四，数字化向纵深发展。2008年年初，国家六部委联合发布《关于鼓励数字电视产业发展若干政策的通知》。国家广播电影电视总局共同签署了《国家高性能宽带信息网暨中国下一代广播电视网自主创新合作协议书》。

此次合作以有线电视网数字化整体转换和移动多媒体广播的成果为基础，以"高性能宽带信息网"自主创新的核心技术为支撑，开发适合中国国情的有线无线相结合、全程全网的中国下一代广播电视网（NGB）技术体系。国家数字化战略由此展开。据公开资料显示，截至2018年，中国数字电视用户（包括有线电视、直播卫星用户、IPTV、OTTTV）市场规模已达到6.8亿户。[①] 可以预见，数字电视时代，网络运营商、设备供应商、内容供应商、收视用户都将在三网融合的市场中扮演各自的角色，多媒体融合已成必然之势。

由于受到电视和网络的挤压，广播的受众流失愈加严重，广播业面对前所未有的挑战，这让广播业改革迫在眉睫。广播咨询网的统计资料显示，北京、上海、广州、深圳、成都、合肥等数十个城市和地区的交通广播和音乐广播电台的市场份额和收听率均排在当地第一二位。我们不难发现，交通广播与音乐广播逆势增长与其锁定以汽车驾驶员为核心听众的移动人群有密切关系。中国是世界上最大的汽车消费国，近年来私家车保有量大幅上升，城市交通实时状况成为驾驶员迫切需要的信息。同时，无聊、枯燥的旅途中，音乐往往是驾驶员放松、解闷的调节剂。因此，交通广播和音乐广播成为当之无愧的广播业领头羊。可以说，城市交通广播和音乐广播是广播业焕发新生的重要发力点。

移动互联网时代中国广播业将实行传统广播与新媒体广播多元并举的发展新路径。一方面，广播作为唯一的非视觉媒介的特点和伴随性特点，与互联网、手机等具有一定的共存性和兼容性。另一方面，广播借助互联网、手机及其他平台，扩展新的传播渠道。早在2008年，广东电台便率先创立全国首个多媒体实时互动平台"珠江网络电台"，这是广播与网络媒体融合的一次成功实践。当前，手机媒体的异军突起使手机广播APP大放异彩。2011年12月8日由湖南电台交通广播最早推出的手机电台APP，为广播与手机

---

① 华经情报网：《2018年中国有线电视用户数量及有线电视技术、宽带技术融合发展趋势》，http://www.huaon.com/story/429120，2019-05-18。

媒体的融合进行了有益的探索。随着微信的盛行，浙江交通广播、广西交通广播则推出基于微信平台的微信电台。电台 APP、微信电台让手机具备了广播终端的功能，有利于广大手机人群成为潜在的数字化、网络化的广播受众，伴随着 Wi-Fi 普及及移动网络流量费用降低，手机广播 APP 和微信电台正迎来快速增长期。

综上所述，我国广播电视业起步较早，早期一直处于缓慢发展乃至停滞不前的状态，直到 1949 年中华人民共和国成立，我国广播电视业才开始在艰难探索中稳步前进，并翻开了新篇章。至 1978 年改革开放以后，我国广播电视业更是迎来了前所未有的巨大发展。时至今日，广播电视业多媒体融合、多元并进已经成为发展的新路径。

第二章 广播电视新闻概述

第一节 广播电视的性质、功能与传播特点

广播电视的性质决定了其功能,传播特点影响着功能的发挥,我们有必要先了解广播电视的性质,进而明确其功能,在此基础上充分探索其区别于传统纸质媒介的传播特点。

一、广播电视的性质

性质指的是一个事物区别于其他事物的根本属性,可分为自然属性与社会属性两种。自然属性方面,广播电视是运用现代电子技术传播声像符号信息的大众媒介,广播电视传播技术及其媒介物是广播电视传播的物质基础。在这里我们所讨论的是广播电视的社会属性,即作为传播媒介的广播电视既具有大众传播媒介的共性,也具有与其他媒介互相区别的个性。

(一)广播电视作为大众传播媒介的共性

新闻媒介是报道事实、评价事实从而反映和引导舆论的社会舆论机关。广播电视作为社会舆论机关,以明确的目的和自觉的意图反映和引导舆论,即通过报道事实和评价事实,反映人们的意见、愿望和情感,调整和规范人们的认识、态度,进而调整和规范人们的行为。

广播电视作为大众传播媒介具有认识功能和宣传功能。通过对新近发生

的事实的客观报道，广播电视帮助社会成员消除关于环境变化的不确定性，了解环境，形成对环境的正确认识。同时，广播电视一方面通过对新闻的选择和评论，另一方面通过直接地宣传党和政府的方针、政策，表明传播媒介的立场和态度。

（二）广播电视作为大众传播媒介的个性

1. 现代化的传播手段

广播电视的诞生和发展是建立在现代科学的基础之上的。从电报、电话到无线电的发明和应用，科学技术是广播电视发展的前提和动力。电子科技及相关科技的发展使广播电视成为当今世界最先进、最现代化、采用高新技术的新兴产业，因而也是当今世界最快、最生动、影响力最大的大众传播媒介。

2. 综合性的传播媒介

广播电视的节目内容基本有4类：新闻节目、教育节目、娱乐节目和服务节目。丰富多彩的广播电视节目，为受众提供多种多样的服务，满足受众多方面的需求，以其大众化、通俗化和普及性的基本特征成为现代文化的重要组成部分。

广播电视的传播形式也具有综合性。作为视听媒介，作用于听觉和视觉的传播形式都可以运用。

3. 以新闻传播为主体

新闻节目在广播电视节目总量中的时间比例虽然不是最高，却是广播电视传播的重中之重。不管哪种广播电视体制，不管其娱乐性、教育性和服务性节目的比例有多大，新闻节目都是安排在"黄金时间"播出。在现代社会，广播电视传播是实现国家和社会目标的重要手段，是公众获知社会信息的主要来源，是社会各组成部分之间沟通协调的重要通道，具有强大的社会影响力。

在世界上，新闻节目办得好坏，是衡量电台、电视台水平高低的主要标志。新闻节目在广播电视的黄金时间播出，电视新闻节目成为广告收费最高的栏目，新闻竞争成为电台、电视台实力竞争的焦点。

二、广播电视的功能与任务

（一）广播电视的功能

广播电视具有的功能可以概括为 6 个方面，即新闻传播、宣传引导、舆论监督、社会教育、文化娱乐和信息服务。

1. 新闻传播

广播电视的时效性强、受众面广、可直观感受等传播优势使其成为当今世界人们获取新闻最主要、最重要的大众传播媒介之一。广播电视最重要的社会功能就是新闻传播，而受众通过新闻节目来监测自己的生活环境，以获取更多的有用信息。近年来，不少广播电台为了收视率，过度播出综艺娱乐节目和电视剧，相应地导致新闻播出量大幅减少，这是一种不健康的现象，有必须重提新闻立台的重要性。新闻立台是广播电视媒体社会责任的理性回归，也是市场竞争的需要，新闻节目办得好可以提高一个广播电视媒体的吸引力、公信力和核心竞争力。

2. 宣传引导

正确的宣传引导是社会主义新闻传媒的重要功能，也是马克思主义新闻观指导下的重要业务规范。广播电视有正确引导社会舆论的责任，将其引导到党、国家和人民所期望的轨道和方向上去。

我国的宣传引导不仅在政治、经济报道方面要正确，在价值观方面也要正确。典型宣传是弘扬主旋律和提高新闻宣传感召力的有效手段。做好热点报道也是宣传引导的重要方法，因为热点报道可以释疑解惑，化解矛盾，针砭时弊，弘扬正气。

3. 舆论监督

舆论监督就是通过新闻媒体对社会现实中不良的现象进行报道并发表意见和看法，形成舆论，从而对社会上的有悖于道德与法律的行为进行制约。广播电视作为最重要的大众传媒，有责任、有义务对社会上的丑恶现象进行客观、公正、全面的报道。广播电视媒体的舆论监督具有透明度高、影响面大、时效性强等特点，往往能够有效地解决问题。

4. 社会教育

社会教育是广播电视的重要功能。随着社会的发展和进步，人们对教育越来越重视，广播电视的教育功能也逐渐受到关注。广播电视的社会教育节目主要包括广播电视教学节目和社会教育类节目：广播电视教学节目不受时间和空间限制，为人们提供了平等享受教育的机会，有利于实现终身教育和个性化的学习；社会教育类节目内容十分广泛和丰富，几乎无所不包，凡是有益于人们身心健康的题材都是它的表现对象。广播电视教育因为传播范围广、受众面大，且往往投入少，教育效果很明显，是一种有效的教育方式。

5. 文化娱乐

文化娱乐是广播电视最早的社会功能，一直以来各类娱乐性节目始终是广播电视节目构成中所占比例较大的内容。随着社会的发展，人们的休闲时间越来越多，文化需求越来越丰富，广播电视的娱乐节目有着越来越大的社会需求和发展空间。

娱乐是一种非工作性的，能够让人在轻松的氛围里获得欢乐和自由的活动。娱乐活动对于个人保持旺盛精力、放松心情、储蓄活力具有不可或缺的作用。娱乐作为一种文化现象和意识形态密不可分，社会的思想、科学、道德、政治、法律、宗教、价值标准和行为规范等，都可以通过艺术的、文化的形式在娱乐中折射出来。

6. 信息服务

广播电视直接为人们的实际生活提供知识和信息的节目是服务节目。信息服务的形式多种多样，例如天气预报、时尚、烹调、保健、安全、交通、法律咨询、旅游、婚恋、证券、房产、市场分析及各类广告等。为了更好地服务于受众，电台、电视台还开办"信箱""热线"类节目，根据受众的需要提供各种服务。

（二）广播电视的任务

通过在广播电视节目的内容和形式上的创新，来以科学的理论武装人，以正确的舆论引导人，以高尚的精神塑造人，以优秀的作品鼓舞人，教育、鼓舞全国各族人民同心同德地为建设社会主义现代化国家而奋斗，为经济建设、政治建设、文化建设、思想建设、社会建设和生态文明建设等服务。

1. 服务于经济建设

广播电视要正确反映和积极推动社会主义经济建设。随着经济改革的深入和社会开放带来的利益关系的调整，在经济领域出现许多新情况、新问题，广播电视要及时反映。一方面，要向人民及时传达国家的经济政策、方针、路线；另一方面，要帮助党和政府了解经济情况，调整政策，采取措施，架起党、政府与人民群众联系的桥梁。

经济报道是广播电视为经济建设服务的重要方式。在经济报道中，以正面宣传为主，对改革开放取得的经济成就，对在经济改革中涌现出来的先进人物、先进集体和新风尚、新经验进行典型报道，鼓舞和教育人民。对各种阻碍和破坏经济建设的错误行为和犯罪活动进行批判，为经济改革提供舆论支持。

广播电视进行经济信息的收集、传播和解释，可直接服务于社会的经济活动。全国各地电视台注重传播经济信息，促进了商品、资金、技术、信息和劳动力各类市场的繁荣，推动了经济发展和经济改革。例如，中央电视台第七套农业节目的《致富经》《每日农经》每期介绍、发布、推广一些适合在农村发展的经济信息和经济项目。

除了经济新闻和经济信息，广播电视的新闻节目、知识性节目、教育节目、社会服务性节目和文艺节目都以直接或间接的方式反映和服务于经济活动。广告也是直接服务于市场经济的重要方式，能够促进产品消费。广告的繁荣和市场经济的繁荣呈正相关性，商业广告使商品的生产领域和消费领域紧密地结合起来，大大加快社会经济的运行速度和效率。

2. 服务于政治建设

广播电视要从政治出发，从大局出发，坚持四项基本原则，坚持改革开放，为社会主义现代化建设创造良好的舆论环境。

广播电视节目的时政报道、国内国际要闻、军事新闻等新闻报道及相应的评论性节目，通过对党和国家大政方针的报道、阐发，直接为政治建设服务。党和国家领导人通过广播电视，尤其是通过电视直播（电视讲话、记者招待会等）直接面对群众，以电视观众喜闻乐见的方式传达党和政府的方针政策。另外，对党和国家决策过程（如两会报道、党代会报道）的及时、形象、准确的反映，使党和我国最高权力机关的活动进入了千家万户，增加了政治的透明度，这对动员和鼓舞全国人民同心同德为实现宏伟目标而奋斗，对加强我国政治生活的民主化都具有重大的意义，促进了我国政治体制的改革。

3. 服务于文化建设

文化建设是一个国家文明程度的标志，建设社会主义物质文明和精神文明都离不开文化建设。文化有层次之分，有属于国家意识形态层面的国家主流文化，也有少数知识分子所体现的精英文化，而更多的是普通大众所喜欢的大众通俗文化。我国的文化事业要以高尚的精神塑造人、以优秀的作品鼓舞人，要加强国家主流文化、精英文化、通俗文化积极地融合，体现先进文化的发展要求。

在我国的广播电视中，文化建设包括文艺和教育两部分。广播电视文艺类节目主要有广播剧、电视剧、广播电影剪辑、电视电影、文艺晚会、音乐会、戏剧戏曲、演唱会、舞蹈表演、小品相声、诗歌朗诵会及其他益智类、竞赛类、真人秀类等综艺娱乐节目。广播电视教育类节目，主要是通过语言、文学、历史、科学、经济、哲学等讲座、谈话节目，来介绍、传播相关领域的知识，提升群众的文化知识素养，如中央电视台的《走近科学》《百家讲坛》等。

4. 服务于思想建设

在社会主义市场经济建设中，多种经济成分共同发展，必然形成了多种价值关系，形成了从不同利益出发的世界观、人生观、价值观。一方面，广播电视要弘扬社会主义精神文明建设的主旋律，宣传社会主义物质文明和精神文明建设的成就。另一方面，广播电视在思想建设中要处理好社会主义初级阶段思想道德价值导向一元化和价值取向多元化的关系，注意把精神文明建设的先进性和普遍性、广泛性结合起来。

广播电视在思想道德建设中发挥无可替代的舆论引导功能。当前要发挥广播电视在构建社会主义核心价值体系中的作用，通过新闻、专题、教育和服务类节目培养公民意识、公共意识、法制意识和民主权利意识，弘扬和践行社会主义核心价值观。社会主义核心价值观是从国家、社会和个人三个层面对价值取向和价值目标的要求，是精神文明建设的重要成果。

5. 服务于社会建设

十八大报告提出在加强民生和创新社会管理中加强社会建设，这个理论创新是我党科学发展、和谐发展理念的一次升华，显示出对中国特色社会主义认识的逐步深入。我们的目标是建设社会主义和谐社会，要让每个人自身、人与人之间、人与社会之间、社会与自然之间、地区与地区之间都能获得和谐发展。

加强社会建设，与人民幸福安康息息相关，必须从维护最广大人民根本利益的高度，加强基本公共服务体系建设，创新社会管理体制，维护社会公平正义。在学有所教、劳有所得、病有所医、老有所养、住有所居上持续取得新进展，努力让人民过上更好生活。

广播电视媒体在社会建设中，要畅通群众的利益诉求机制和渠道，多解民生之忧。通过舆论引导促进利益协调机制建设，通过舆论监督促进社会公平正义的实现，形成构建和谐社会的舆论氛围，促进"民主法治、公平正义、诚信友爱、充满活力、安定有序、人与自然和谐相处的社会"[1]的建立。

---

[1] 胡锦涛：《胡锦涛关于构建社会主义和谐社会讲话全文》，www.gov.cn/ldhd/2005-06/27/content_9700.htm,2019-03-20。

6. 服务于生态文明建设

十八大报告提出了经济建设、政治建设、文化建设、社会建设和生态文明建设"五位一体"的新观点。推进中国特色社会主义事业的"五位一体"总体布局是着眼于全面建成小康社会，实现社会主义现代化和中华民族的伟大复兴。把生态文明建设纳入五位一体的总体布局，是为人民创造出更加美好的生产生活环境，从源头上遏制生态环境恶化的趋势，建设美丽中国，实现中华民族的永续发展。

当前，广播电视要以各种形式反映党和国家在生态文明建设上的努力和成就，通过宣传报道或专题节目加强我国生态文明建设和美丽中国的宣传。对于空气污染、乱砍滥伐、臭氧层破坏、工业废物污染、水土流失和植被破坏等破坏生态文明的现象加强舆论监督，在节能减排、退耕还林、沙漠防护林建设、自然保护区设置和湿地保护等方面加强典型报道和宣传，以实现天更蓝、水更绿、山变青、鱼虾丰茂、鸟语花香的世界。同时，加强在生态文明建设方面的公益广告传播，引领生态文明建设。

三、广播电视的传播特点

广播电视的传播特点，源于它与纸质媒介在传播手段上的差别，广播电视是以高科技的电子手段传播信息，以声音和影像作为基本传播媒介，而传统纸质媒介则是以文字和图片作为传播媒介的。

（一）广播电视传播的共同特点

1. 具有直接感受性

广播电视是视听媒介，具有丰富的直接感受性。就声音来说，广播电视可以传达人类的有声语言，而且可以再现人类社会和自然界的所有音响。就视频来说，广播电视可以通过电子手段再现声音和图像来传达信息。

有声语言传播符号是非常丰富的，人们通过语言发出者声音的特点，进而使听话者产生感性的印象，产生一种情感交流的感觉。同时，音响的传播可以使听众感受到现场的气氛，进而想象现场的状况，有身临其境之感。如广播现场报道就通过现场的各种音响、通过记者对现场的描述和叙述，来营造现场气氛，带领听众感受现场。

电视具有视听兼备、声画合一的特点，除了可以传播有声语言符号系统和音乐、音响之外，还可以通过图像、图表、肢体语言、表情语言等各种传播符号表达思想，它能够全面、立体、真实地传播信息。电视能够真实地反映事物的发展过程，再现事物的发展变化，受众能够通过视觉信息和听觉信息同步接收事物的发展变化，而文字语言无论如何叙述事物的变化，都不能精确地和逼真地反映事物发展的细枝末节，人们只有通过把语言转化为表象，通过想象力去构建文字语言表达的事实。因为真实再现与想象之间存在着差异。

2. 时效性强，可实现同步传播

与纸质媒介相比，时效性是广播电视的优点。广播电视经常靠直播来提高时效性，遇到突发事件，广播电视可以通过插播的方式随时播出新的信息，如果没有及时传播视觉信息，可以先传播声音信息或文字信息，用滚动播报或电话连线的方式，打破以前的传播秩序，传播新的信息。当然，遇到重大新闻事件，广播电视经常采取现场直播的方式，达到与事实发生过程同步传播，极大地提高了传播的时效性。随着电子技术和摄像技术的发展，广播电视的现场直播不断增多，受众可以"耳闻目睹"事件的发展过程。

3. 受众面广

由于信息内容和传输手段的不同，广播电视就信息接收的可能性而言，在地域覆盖和人口覆盖两个方面都具有很大优势。

覆盖的地域范围广。广播电视作为电子媒介，具有信号传播范围广、覆盖面积大的特点。同时，近些年来，广播电视还在借助互联网不断扩大传播范围。

覆盖的人口范围广。广播电视传播不受年龄、性别、民族和文化程度的限制，音频与视频符号属于更加普及的信息传播方式，与日常生活最常用的信息传递方式相契合。

4. 兼具大众传播与个人传播的特点

广播电视不仅可以针对受众进行大规模的信息生产和传播活动，也可以将面对面的人际传播方式引进到大众传播领域，并取得积极的传播效果。例如，广播电视中不同人物、角色的对话，电话热线直播，采访直播，演播室主持人现场采访等方式的大量使用，是建立在实时信息交流与反馈互动、特定交流情境和多渠道信息媒介传播方式上的。人际传播方式最具代表性的特点是传播个体自主性、情境性和双向互动性以及多媒介并用的传播方式。人际传播方式的导入使信息的传播与接收更具亲和力，更贴近人们的日常信息交流经验，因而能够取得更好的传播效果。

首先，广播电视的传播者与受众在热线直播节目中的互动性交流，可以及时地消除在传播过程中产生的不确定性，使传播更具有针对性，进而提升传播效果。而传统纸质媒介对信息反馈具有延时性，不可能即时调整自己的传播以实现与受众的交流。

其次，建立在即时信息反馈基础上的交流情境，更符合人们日常信息交流方式，因而能够引发受众的关注和参与感，同时，特定情境可以使信息的交流显得更加生动、自然，具有更好的传播效果。

最后，在多媒介、多手段配合传播方面，广播电视更是丰富多彩。广播所使用的口头语言，有副语言系统相辅佐，语调语气、功能性发音、语言节奏等都能够配合语言符号来传情达意，语义更丰富，信息更丰满、准确，并具有情绪感染力，可传达出言外之意、话外之音，因此更能接近人际传播的状态。电视可以通过变化着的表情、姿态、动作等手段传播信息，往往是对口头语言信息的补充与佐证，是谈话者心理状况及其变化的无意识流露。

5. 按时间顺序线性接收

广播电视是时间媒介，选择性差，无法像网络和纸质媒介那样做到可选择性。传统的广播电视信息存在于时间的流程中，也就是按照时间的顺序播放广播电视信息，受众没有自主控制时间的自由，具体表现在三个方面：第一，受众无法对广播电视内容和接收信息的时间有充分的选择权。广播电视内容是按时间顺序播放，受众只有看完后才知道节目的质量和品位如何，受众丧失了对信息内容进行充分选择的主动权。第二，受众在接收广播电视节目的时候往往是非常被动的。随着时间的流逝，人们似乎很难对广播电视节目进行深入细致的思考，人们无法根据内容的深浅调节接收的快慢。第三，广播电视节目稍纵即逝，不能方便地保存、储存和剪辑。广播电视的声音和图像转瞬即逝的传播形式，给信息的保留、验证、处理和再传播带来了不便。

值得一提的是，随着网络技术的发展，数字电视出现了互动功能，人们从看电视变为用电视，电视的互动性将有效解决广播电视的选择性差的问题。人们不仅可以储存正在播出的内容，而且可以多视窗地选择和观看电视节目。

（二）广播的传播特点

广播电视与传统纸质媒介相比较，具有共同的特点。而广播与电视二者相互比较，又各自有自己的特点。

1. 可非专注性接收

收听广播最为方便、自由和随意，就是受众在从事专注性活动的过程中可同时收听广播。收听广播不受时间和地点的限制，不论是白天还是晚上，也不论是在干什么，只要能够打开收音机，就能够收听广播的内容。随着收音机的小型化和轻便化，其更加成为一个"随身听"的媒介。

2. 灵活性强

采录与接收灵活便捷是广播优于电视的一个特点。就采录而言，电视的摄录设备非常复杂而笨重，电视的摄录往往需要一个团队进行。而广播采访摄录仅仅需要一个人作战就行了，广播的录音设备往往小巧玲珑，便于携带且操作简单；从接收方面说，收音机便于携带，机动性强，可以边走边听，甚至在特殊的条件下转化为传播优势，在诸如地震、飓风、洪水等重大灾害的特殊条件下，由于交通、电力、通信乃至房屋财产遭到严重破坏，电视机无法接收信号，报纸也无法送达，此时只有广播能够传递消息，给人们带来心灵安慰。

3. 绿色媒介

广播诉诸听觉，给人以无限的想象空间。众所周知，欣赏电视影像需要观众眼睛注视屏幕，而现在的电视机屏幕或多或少有辐射，对人体有伤害，而且看电视久了，眼睛容易疲劳，甚至会导致各种眼病。但是，广播节目的接收只需要耳朵，并不需要听众过度地劳心劳力，二者相比，广播更为绿色。广播节目，尤其是广播文艺、广播广告往往特别注重音乐和音响效果的运用，轻柔的乐曲悄悄抚慰听众的心灵，而解说词的播报者更是用最为贴近节目脚本风格的语言来演绎，声音往往具有很强的穿透力。

（三）电视的传播特点

1. 声像互动的传播方式

电视的传播特点是声画兼备，与广播不同，电视将影像元素引入到传播媒介，而影像元素的引入不是声音与影像的简单相加，而是有效的整合。整合后的信息传播，不仅依赖于声音和画面各自传达的信息而且依赖于他们之间的关系，由此衍生出声画合一、声画分立、声画对立等不同类型的声画关系。电视的声画关系的逻辑不是语言表达的逻辑，它遵循的是接收者的逻辑性，电视主要是由影像、有声语言、音乐和音响等要素构成的对应关系及其承续关系来确定接收的合理性，这种多要素的组合、多片段的集成整合在一起传达一定的信息和意义。

2. 符号系统的兼容性强

人类所创造的绝大多数信息传播的符号系统，都是通过视、听通道加以传递的。但是，电视具有很强的替代性，我们可以通过电视观看电影、戏剧、音乐及其各种表演形式，我们可以通过电视欣赏绘画、建筑、雕塑、书法乃至各种人造的和天然的风景。电视可以替代众多的其他符号系统，但并不能取代它们，在有限的屏幕上观看一个影像，与亲临现场所体验到的全方位的感受和震撼是截然不同的，例如在电视上听一场音乐会与现场听是不可同日而语的。

第二节　广播电视新闻的内涵及其种类

新闻传播影响并改变着人类的生产生活，助力着社会的发展与进步，反之，人类的生产生活也影响并改变了新闻传播的方式。在当下媒介环境中，新闻传播无处不在，无时不在，已经成为一种极为普遍的传播现象，更多更快的信息使得人们的生活节奏也不断地加速。

一、新闻及其原则

（一）新闻的概念

新闻是什么？在我国古代鲜有学者对这个问题进行专门的研究，直到1872年，《申报》才对此作了较为明确的阐释："新闻则书今日之事。"此后，对新闻概念的专门研究才多了起来。

从对新闻现象和新闻活动进行描述和解释的角度，近现代新闻界人士从不同角度给出了各自的界定："'新闻者，乃大多数阅读者所注意之最近之事也'（徐宝璜）；'新闻，就是广大群众欲知、应知而未知的重要事实'（范长江）；'新闻的定义，就是新近发生的事实的报道'（陆定一）；'新闻是新近变动的事实的传播'（王中）。"①西方学者也从不同角度对新闻进行了界定："新闻是变迁的记录"（英国《泰晤士报》）；"新闻是最近发生的，能引起兴味的事实"（美国威斯康星新闻学院教授白来耶）；"新闻就是能唤起读者，唤起人们的关心，进而教诲他们，鼓舞他们并使他们能够得到乐

---

① 邝云妙：《高级新闻写作（上册）原理卷》，广东高等教育出版社2003年版，第8页。

趣的一种对于人们活动的最适时的记录"（美国《现代新闻报道》作者华连）；"新闻就是把最新的现实现象在最短的时间距离内，连续介绍给最广泛的公众"（德国道比法特）；"新闻是根据自己的使命对具有现实性的事实的报道和批判，是用最短时距的有规律的连续出现来进行广泛传播的经济范畴内的东西"（日本小野秀雄）。[①]

学者们对于新闻概念的界定虽然颇多，但概括起来，阐释的角度主要有以下三种：一是新闻是一种新近发生的事实的角度；二是新闻是对事实的报道与评论的角度；三是新闻传播活动能够唤起和教诲受众的角度。在我国，目前通常使用的新闻概念是陆定一提出的："新闻是对新近发生的事实的报道。"

（二）新闻的原则

"新闻是对新近发生的事实的报道。"这一概念清楚地点明了新闻的三个要素——新近、事实、报道，进而深化为新闻的三项基本原则。

1. 真实性与时效性

时效性是新闻的生命力之所在，有时效的新闻价值连城，过时的新闻就成了旧闻。因此，新闻的报道必须控制在其能够产生社会效果的时间内。换句话说，新闻必须是新近发生的事情，且应该尽快报道。业界常将新闻定为"易碎品"，就是因为新闻价值实现的一次性和时效性。美国《纽约时报》前副主编罗伯特·赖斯特说："如果第二次世界大战之前，新闻界普遍认为，最没有生命力的东西莫过于昨天的报纸的话，那么今天的看法是：最没有生命力的东西莫过于几个小时以前发生的新闻。"[②] 以现在新闻界的规则来说，"几个小时"的要求对于新闻来说也已过时，几分钟甚至实时报道才能体现当今新闻的价值。但无论时代如何变迁，时效性的标准如何变动，时效性始终是新闻的一个基本原则。

[①] 张勋宗：《新闻写作实训教程》，西南交通大学出版社2016年版，第7页。
[②] 杨岗、栾建民：《图书 报纸 期刊 编印发业务辞典》，中国经济出版社1990年版，第138页。

在强调新闻的时效性的时候,绝不能违背新闻的真实性原则,因为真实才有价值,因为事实才是新闻的本源。时效性要以真实为前提,如果发出的消息有错,那么报道再快也没有任何意义,相反还会带来不可弥补的损失。只有把新闻的时效性和真实性辩证地结合起来,才能体现新闻采访的真正意义。新闻采访最主要的目的,就是客观地探寻事实的真相。客观真实性是新闻受众的基本需求,也是新闻记者追求的一种意境。

2011年10月19日,新闻出版总署办公厅印发了《关于严防虚假新闻报道的若干规定》,其中明确提出了对虚假失实报道的防范和处理规则及相关责任追究,也包含了新闻出版总署对虚假新闻的态度和追求新闻真实性的坚定信念。

2. 客观性与倾向性

客观性是指对新闻按照事物的本来面目进行如实报道。它是新闻报道中所遵循的一条基本规律,包括内容和形式两方面的客观。内容上的客观,指新闻事实是一种客观存在;形式上的客观,强调以新闻的报道方式、写作手法客观地凸显事实,而不随意加以主观解释。

倾向性是指新闻工作者在报道或评述新闻事实时所表现出的特定的立场和思想倾向,包括政治立场、思想偏向等。这种倾向的表现可能直接明显,也可能含蓄隐晦。倾向性是新闻传播中的必然现象。首先,新闻总是隶属于一定的阶级政党或者社会团体,不可避免地受到一定利益集团的制约,从而使其传播活动带有倾向性。其次,报道客观事实的记者具有立场和观点,以及不同的知识水平和认知能力,在选择事实、报道事实时,这些综合因素都会自觉或不自觉地对新闻报道产生影响。最后,受众往往要求记者对事实进行解释,以便获取知识,为其行动等提供指导,这也在客观上要求记者根据自己的倾向来解释事实。

由此可见,倾向性与客观性作为新闻两个对立统一的基本特性,同生共长,相互依存。在新闻客观性的基础上体现新闻的倾向性,要注重度的把握。

新闻倾向性的度就是新闻的客观性，取决于新闻事实。记者进行新闻报道只能在尊重事实的基础上表现自己的倾向，努力做到新闻报道中客观性与倾向性的平衡。

3. 公开性与时宜性

公开是新闻的目的，范长江认为新闻存在的价值是要满足公众的知情权，向公众提供他们应知、欲知而未知的事实。公开性是新闻与情报最本质的区别。

时宜性指的是新闻报道的时机要合适。时宜性是以新闻报道的社会效果为衡量标准的，是指新闻报道能够实现最大效应的最佳时机。当报道时机把握不好时，就可能产生负面影响。广播在美国无所不在，影响之一就是为人们提供各种及时、有效的信息。每天上下班高峰时期，只要打开收音机，许多本地的频率都在介绍交通状况，建议人们选择最畅通的路线。还有气象消息，任何一个地方的广播台，气象预报都是必播节目。如果赶上恶劣天气，如暴雨、暴雪即将来临，电台会中断正常的节目，及时向听众播报最新气象情况，并为听众提供出行建议。

二、广播电视新闻的内涵及其种类

（一）广播电视新闻的内涵

广播电视新闻的内涵，指的是根据广播电视新闻的概念所反映出来的其本质属性的总和。与传统纸质媒介相比，广播电视新闻的内涵更为丰富，主要体现在传播媒介的差异性、传播速度的时效性、事实本源的第一性和传播意义的重要性4个方面。

1. 传播媒介

广播电视新闻与其他新闻最主要的差异就体现在传播媒介上。相比于传统媒介以纸和文字进行信息传递，广播电视是利用电子技术和无线电波信号进行信息传播的。广播新闻主要以听觉符号为主，语言、音响、音乐等；电视新闻的传播符号相对复杂，既有听觉符号的语言、音乐等，也有视觉符号的造型、文字等。这些都是由其媒介所决定的。

2. 传播时效

时效是决定新闻价值的一个重要因素。新闻事件报道的时间与新闻价值成反比,即报道的时间越迟,新闻价值就越低。

这种"时间"的定义有双重意思:一种是本质性含义,即时间性,它在时态上呈现为过去、现在两种含义。过去,即面对的是已经变动了的事实;现在,即面临的是正在发生的事实。科技的发展使得广播电视新闻在时效性方面与其他媒介相比具有相对的优势,即可以在第一事发现场、在第一时间内把新闻传播出去。

时间的另一重意思是其延伸含义,指时新性和时宜性。时新性是指在新闻时限内实现新闻本体所规定的对新闻本质的要求,以赢得更多的受众;时宜性是指对发布新闻时机的把握,只有在适当的时机对适当的新闻予以报道,才能产生预期的社会效果。就时宜性而言,广播电视可以利用录音和录像手段将事实的原本状态录制下来,在合适的时间播出。时间的本质性含义和延伸性含义既相互联系又相互制约,辩证地协调这两者之间的关系是产生传播社会效应的前提。

3. 事实本源

事实是第一性的,新闻是第二性的;事实发生在前,新闻报道在后。新闻的力量源于事实本身,新闻的魅力有赖于对信息内涵的发掘与拓展,也取决于报道的形式。这里我们所讲的事实有两层含义:一层是讲述事件发生的来龙去脉,这是新闻的本源和灵魂。出于对大众和社会的责任感,我们必须力求将事物的真相呈现给受众,避免虚构和道听途说,误导受众。第二层意思是强调新闻的意义,一条新闻是否可以报道,是否值得报道,何时报道适宜,有着严格的标准。这种标准既决定于新闻事件(人物)本身的意义,也蕴藏于记者的业务水平和新闻敏感之中,蕴藏于媒体的新闻意识和职业规范之中,这种把关决定了新闻的价值。

4. 传播意义

广播电视新闻进行信息传递，使人们了解欲知、未知的事件，对人们的生活产生影响。一般来说，新闻应符合党和国家的政策要求，弘扬社会主义核心价值观，对人们的生活产生积极影响。但若新闻制作者或传播者的动机不良，传播了错误、虚假或不利于社会和谐的负能量新闻，那么就会对人们的生活产生消极影响。广播电视新闻必须坚守原则，服务于社会和人民。

（二）广播电视新闻的分类

1. 广播电视时政新闻

时政新闻就是关于时事、政治领域的新闻报道，具体来讲是有关国家和政党最新的国务活动、政治活动、方针政策，以及国内外新近发生、变动的重大事件的报道。

时政新闻报道具有以下几个特点。第一，具有鲜明的政治色彩。时政新闻以党和国家的政策、方针、路线为内容，以党和国家的重要会议及决策为内容，以世界和国内政治局势为内容，以党和国家领导人的重要政治活动为内容，这无不显示出鲜明的政治色彩。第二，具有严格的规范性和程序性。由于涉及党和国家的重要方面，新闻内容必须严格规范，对于领导人的称谓、描述等都有具体的规定。第三，具有"头条新闻"的优先权。我国的新闻必须坚持党的领导方向，必须为党、为国家、为社会、为人民服务。第四，时效性更强。政治活动的时间往往是提前得知的，新闻记者必须提前到场并及时做好报道。第五，周密策划与随机应变。鉴于时政新闻的重要性，整个报道过程必须进行周密策划，不能出现任何差错。对于突发性政治活动，新闻记者必须具有随机应变的能力，妥善报道。

2. 广播电视经济新闻

经济新闻是关于社会经济活动、经济现象、经济关系的最新变动及其发展趋势的报道。广播电视经济新闻是用广播电视媒介为载体的经济新闻。

广播电视经济新闻作为经济新闻的一个类别，在社会功能上与其他新闻相比较，也有自身的特点，具体表现在以下方面。第一，实用取向性强。这是经济新闻区别于其他新闻的最大特征。在市场经济条件下，政府、企业和个人都需要作经济方面的决策，这对不同个体的自身利益具有实用价值。为此，经济新闻应把实用性作为自己的基点，努力为广大受众提供优质经济信息。同时，提高经济报道的实用性，也才有利于经济新闻媒体增强影响力和竞争力。第二，具有较高的抽象性。大量的经济新闻是抽象的，很难用直接的形象来表达。经济新闻经常与数字和一些抽象的决策、趋势、预测等有关。经济新闻还比较难于给受众以事实的立体描写性感受或者带来视觉冲击，例如人们无法实在地看到利息率下降、股市上升、国民经济状况，只能通过图表、曲线、比喻、举例说明等方式来报道。第三，具有较大的不确定性。各种经济新闻之间存在着密切而无形的联系。特别是当下发生着的一切问题，都有可能与正在报道的经济新闻相关，还有一些因素是长期的、历史的。同时，有些经济新闻（如预测性经济新闻）在没有被经济实践证实之前，会有多种观点、倾向和表现形式，预测结果并非一定准确。第四，具有前瞻指导性。受众在接受并解读经济新闻时常常是为了看清当前，决策以后。特别是在现代经济中，象征性资产的流通和交易在市场份额中所占比重越来越大，具有前瞻性的经济预测会在经济新闻中占有较大的比重。

3. 广播电视民生新闻

民生新闻以关注民众生计、民众意愿、民众立场为主要价值取向，并致力于以民众视角、民众喜闻乐见的形式，对民众生计、民众生存、民众日常生活以及与民众切身利益密切相关的新闻事件给予关注和报道。①

广播电视民生新闻是以广播电视媒介为载体的民生新闻，具有如下特征。第一，价值取向上的民众接近性。接近性是民生新闻制胜的法宝，但民生新闻的接近性与传统新闻理论中所讲的接近性相比，已经具有了一些更新的内涵和鲜明的特征，这就是价值取向上的民众接近性。民生新闻对民众喜闻乐

---

① 陈莹：《电视民生新闻的叙事艺术》，《吉林艺术学院学报》2008年第3期，第40页。

见的信息题材进行报道,包括当地的天气信息、交通信息等,符合普通大众的心理。第二,传播形态上的平民可亲性。民生新闻在传播形态上注重民众的参与性,以平民化的视角报道新闻。第三,舆论监督上的公众平台性。舆论监督上的公众平台性是广大民众青睐民生新闻的重要缘故之一。民生新闻是为公众搭建了一个舆论监督的平台,这个平台和以往其他新闻舆论监督平台所不同的是更为贴近民众,民众利益成了舆论监督的出发点,公众舆论成了舆论监督的语境。因此,民生新闻备受民众的青睐、支持和信任。

4. 广播电视法制新闻

广播电视法制新闻,是指以广播电视为载体,传播法制领域新近变动的事实。广播电视法制新闻传播法律知识,即立法、司法、执法、守法及普法内容,具有促进国家法制建设进程的社会功能。由于法制建设是国家建设中涉及面很广的重要范畴,所以,即便不是完全意义上的法制新闻节目,在新闻时事类节目或焦点类节目中,也常有一些会从不同的角度涉及"法制"的内容。

一般来说,电视法制节目可以分为四大类。第一,现场纪实类。这种节目形态具有很强的时效性,以现场纪实性见长,有时就是与事件的发生、发展同步,是现场目击式的报道,因而也具有很强的现实感染力。例如中央电视台的《法制在线》等。第二,以案说法类。这类法制节目有一定的时效性,是以法制新闻案件为由头,在对案件的报道中同时展开法理性的权威分析与揭示,作出符合法律法规的评判,达到普及法律知识、澄清模糊认识的目的。节目具有一定的深度。例如中央电视台的《今日说法》。第三,举案讨论类。就某个案件邀请嘉宾走进演播室进行讨论。所邀请的嘉宾往往并非法律专家,而是普通观众的代表。他们的观点也并不代表专家权威的立场,而是完全从观众的角度结合画面展示的案例有感而发。通过演播室嘉宾的讨论,引导广大观众对相关的法律和社会问题作出正确的判断,进而提高是非鉴别能力和法律意识。这类法制节目以山东电视台的《举案说法》为代表。第四,庭审直播类。是指以法庭审判过程实况为内容的电视现场直播节目。例如北京电视台的《庭审纪实》。这类节目形态以电视特有的技术手段，突出了纪实性和公开性，将原汁原味的庭审过程展现给观众，增加了透明度，给予了观众知情权，也满足了观众的好奇心，更有利于体现舆论对司法实施监督。

而广播法制节目也可以分为四类。第一，以案说法类。以案说法类广播节目和电视一样，都是挑选具有代表性的案件进行分析评论，再引申阐释法律事件的关键法律点，起到普法的作用。例如"中国之声"的《重案调查》。第二，访谈类。针对社会上重大或者热点案件，访问法律界专家，请他们进行点评。例如"中国之声"的《现在开庭》。第三，专题新闻类。是以专题新闻的节目形态，以案情新闻播报为主，辅以对新闻现场的录音等广播特有手段，生动传播有关新闻事实。例如北京新闻广播的《法制天地》。第四，辩论类。邀请司法界和法学界人士作为节目嘉宾，以正反方的形式，对当前热点的法律问题展开辩论，并适当邀请听众参与辩论。这种方式不仅调动了现场参与者的热情，也拉近了媒体、法学专家律师与听众的距离，受到了广大听众的好评。例如天津人民广播电台《法制纵横》节目的《观点撞击》。

5. 广播电视文化新闻

文化是一个非常广泛的概念，联合国教科文组织对文化的定义是："文化是一套体系，涵盖了精神、物质、知识和情绪特征，使一个社会或群体得以自我认同。"如果按照这种广义的文化概念来确认，那么文化新闻则是对这一涵盖了精神、物质、知识和情绪等特征的体系的报道。这样一来，几乎所有的新闻都可以纳入文化新闻的视野。因此，一般我们从狭义上所讲的文化新闻，是对文化领域内新近变动事实的传播。

文化新闻具有突出的社会功能性。第一，具有教育教养功能。与其他类型的新闻相比，文化新闻的教育教养功能更为突出。文化对人的感染力、影响力自觉融入文化新闻的传播之中。它的教育功能体现为知识的普及和文明的传承；教养功能则体现为人格的提升和精神的熏陶。第二，具有休闲娱乐功能。广播电视在传递文化信息、满足人们日益增加的精神文化需求的方面发挥了巨大的作用。休闲是人体回归其自然状态、消除工作紧张疲劳、恢复其体力和智力（以及情感）机能的生活方式，而娱乐不仅使个人体力得以恢复，还使兴趣得以满足、身心得以极大的愉悦。第三，具有文化交流功能。在文化互通领域，广播电视文化新闻对于促进不同文化之间交流的功能是显而易见的。例如从国际方面来讲，广播电视媒介已成为不同国家之间相互了解的一个窗口，人们争相从这个窗口窥探与了解与自身不同的文化。第四，具有审美引导功能。随着经济建设步伐的加快，文化新闻在弘扬优秀文化和人文精神方面所起的作用越来越受到重视。通过媒体的介绍、传播，优秀的作家、艺术家的作品及他们的道德风范深入人心，作品中所包含的人文精神、价值取向、审美意识也滋润和影响了广大的受众。

6. 广播电视体育新闻

广播电视体育新闻是以现代电子技术为传播手段，以声音或者画面为传播符号，对新近发生的体育运动和与其相关事实的传播。

广播电视体育新闻具有4个突出特征。第一，大众性。体育运动本就是人们日常的娱乐和健身活动之一，具有广泛的民众参与度。那么，体育新闻同样也就具备了广泛的受众。第二，娱乐性。娱乐性是体育运动的特征之一，作为报道体育运动的体育新闻理所当然地具有娱乐性。第三，全球性。随着科技的发展、经济全球化、文化全球化的趋势，体育运动也开始在全世界发展起来，特别是奥运会等世界性体育赛事，将全球运动健儿汇聚一堂，共攀体育高峰。第四，情感性。体育运动往往是具有比赛性质的，输赢与名次往往牵动每个人的心，无论是成功的喜悦还是失败的泪水，都是情感的表达。

第三节　广播电视新闻的传播特性与传播价值

广播电视与传统纸质媒介在传播特点上有很大不同,这就决定了其新闻的传播特点与传播价值也会相应有所区别。在探讨广播电视新闻的传播特性与传播价值之前,我们有必要了解广播电视新闻的当代传播理念。

一、广播电视新闻的传播理念

新闻理念的变迁是顺应时代发展潮流的。社会的发展变化以及技术的不断完善都会促使广播电视新闻的传播效果越来越突出。在媒体融合的大环境中,电视与新媒体告别各自独立的状态开始形成关联。互联网、手机等在对电视传播带来冲击的同时,也带来了新的发展契机,在媒体融合的不断推进中,传媒领域发生了一系列深刻的变革:"传统媒体向现代媒体转变;单一媒体向综合媒体转变;技术进步推动节目形态的变革;国内宣传向国际传播转变。"[①]广播电视新闻传播理念也发生了较大转变。

(一)全球化传播

当今是一个变革的时代,也是媒体大融合的时代,"融媒体""多媒体""超媒体""全媒体"等概念应运而生。这是一个媒体传播的新阶段,新的科学技术的发展带来新媒体的变革,人人都是信息的传播者,社会进入了一个个人传播和大众媒体传播并存的时代,信息的自由度、流动性显著增强,传播环境和传播生态发生了很大的转变。

信息传播突破了原有的国家与地域的局限,全世界都成为一个大的传播系统,各种信息的交换交流频繁,统一的平台上各种声音、各种理念交汇交

---

① 转引自王庚年:《CRI/CIBN海外分台受众市场研究》,中国国际广播出版社2013年版,第346页。

融，中国与世界接轨，广播电视新闻国际化、全球化传播也势在必行。走出去，主动传播中国的发展变化，用我们自己的媒体发出中国的声音，力求介入世界的传播体系是当下我国广播电视新闻一个重要传播理念。

（二）以人为本

以人为本，就是以实现人的全面发展为目标，从人民群众的根本利益出发谋发展、促发展，不断满足人民群众日益增长的物质文化需要，切实保障人民群众的经济、政治和文化权益，让发展的成果惠及全体人民。广播电视新闻报道以人为本的传播理念日盛，民生新闻理念、公共新闻理念首屈一指，民生新闻运用小视角关注百姓生活点滴，注意新闻报道的情感性、地域性和贴近性价值，重视受众对于信息、情感、知识、文化等各方面的需要，彰显了新闻为民的理念。

公共新闻观认为，媒体应积极地让受众参与报道重要公民事件的新闻实践，并致力于提高受众获得与认知新闻信息的行动能力，强化公众意识。例如地震灾害报道中，地震消息、地震现场、灾难图片、救援消息通过广播电视新闻大量呈现给读者。学者认为"我们的报道过多地集中在救援动态和感人事迹上，而忽略灾区需求的信息反馈。灾难报道应当成为救援行动的有机组成部分，给政府统筹提供参考"。人本价值理应大于新闻价值，这从某种程度上也反映了广播电视新闻以人为本理念的深入。2012 年，中央八项规定第六项"要改进宣传报道"明确了正确报道的原则并指明了报道方向，也为以人民为中心的工作导向提供了保障。

（三）新闻专业主义

美国学者阿特休尔将新闻专业主义理念归纳为 4 条信念：新闻媒介摆脱外界干扰，摆脱政府、广告商甚至来自公众的干涉；新闻媒介为实现"公众的知晓权"服务；新闻媒介探寻真理、反映真理；新闻媒介客观公正地报道事实。在我国，新闻专业理念是新闻媒介必须以服务大众为宗旨，新闻工作必须遵循真实、全面、客观、公正的原则。①以新闻专业主义理念进行广播电视新闻报道，从事实的真实性、准确性、报道的平衡性、舆论导向性等方面予以把关，很好地维护和提高了广播电视新闻的品质，为群众提供了内容客观真实、时效迅速及时的新闻。

（四）社会责任

我国媒体在传播先进文化，传播主旋律，弘扬社会主义核心价值观，营造和谐社会等方面承担着重要作用。坚持真实报道，反映民情民意，在扩大受众知情权的基础上为受众提供表达平台，不断提升受众参与能力，以广播电视为代表的主流大众媒体近些年在履行社会责任方面发挥了较好作用。2010年8月，《媒体与企业社会责任宣言》发布仪式在第五届中国传媒创新年会上正式举行，对媒体提出了坚持正确的舆论导向、加强从业人员职业道德建设、恪守公平竞争原则、社会效率第一、提高传播能力、加强自律、立项监督、尊重和保护知识产权共8项要求。广播电视不断增强政治意识、责任意识、大局意识，坚决贯彻"政治家办台"宗旨，提升广播电视新闻传播效度，要求媒体在新闻传播活动中要严格自律，切实承担社会责任。

二、广播电视新闻的传播特性

广播电视新闻是通过广播电视传播介质传播的，其传播特性是在新闻传播过程中表现出来的特征或特质，也是与其他媒介形式新闻传播活动的主要区别。掌握广播电视新闻传播特性，是为了更好地掌握其传播规律，以发挥广播电视新闻的传播优势与功效，使其能够最大限度服务受众。

---

① 李良荣：《新闻学概论》，复旦大学出版社2005年版，第303页。

（一）广播电视新闻传播的共性

1. 内容的真实客观性

真实客观是新闻赖以生存的首要要素，也是新闻活动实践的本质规律。广播电视新闻在特定的时空中能够用镜头、用声音记录客观真实的点滴事实，极大地满足了受众"我在现场"的心理感受。当然，在记者采访拍摄的过程中，由于记者会对新闻价值、立场进行判断，所以现实中不存在"纯客观"的新闻报道，我们在这里所谓的客观，是在坚持客观公正原则的基础上，尽可能向受众呈现真实的事实，最大限度避免主观选择。

2. 传播的广泛性与强渗透力

2014年1月28日，《中国下一代广播电视网（NGB）自主创新战略研究报告》发布，数据显示，中国广播电视综合覆盖率已经超过96.95%，成为世界上覆盖人口最多、公众信息传送量最大，有线、无线、卫星等多种现代技术手段并用的广播电视网络，因此广播电视新闻受众份额一直在大众传播媒介中占有相当比重。同传统纸质媒体相比，广播电视新闻受众没有受教育程度的限制，传播的普适性更加速了广播电视新闻传播的广泛性，传播面大大扩展。广播电视新闻内容丰富、可供多人同时收听（收看）、收费价格低廉等都吸引了大量受众。

3. 传播内容不易保存

广播电视新闻是线性传播，声音画面转瞬即逝，未能给受众留出过多思考时间，受众只能顺序接受，从信息的选择到信息接受，再至信息的二度开发利用等方面都有较大局限性，不像传统纸质媒体还有重复阅读的可能。

（二）广播新闻的传播特性

1. 传播符号与传播通道的单一性

广播新闻的传播符号较为单一，声音（解说词、音乐、音响）是其唯一的传播符号，一切传播内容都必须通过声音的形式承载，是一种单通道的信息传播活动。在新闻信息传播过程中，广播通过各种声音形式传递文字、画面信息，表情达意，因而在广播新闻制作中必须考虑受众听觉习惯与特征，利于收听、利于记忆、利于理解的新闻更加适宜，新闻尽量简短易识，受众一听就能理解与接受。

2. 贴身伴随性传播，服务性强

广播新闻具有贴身伴随性。受众可以一边收听广播一边从事其他工作，例如有车一族边开车边收听交通广播、青年人边工作边收听音乐广播、中老年人边散步边收听戏曲广播……受众都是在伴随状态下收听广播新闻或其他广播类节目，这不仅使广播在科技高速发展的当下能够不断发展，也为广播节目带来了更深的专业化与细分。

广播作为贴身媒介，提供便捷、有效的公共服务信息是其主要的社会功能之一。广播信息传播过程中，听众可同步参与节目，通过热线电话、短信互动，主持人和听众可就社会热点问题分析讨论，发表意见，答疑解惑，实现传播者和听众的双向交流。

3. 制作简单，重大事件彰显广播魅力

和电视新闻相比，广播新闻制作相对简单，转播设备也没有那么繁琐复杂，对于主持人形象也没有特殊要求，紧急情况下，尤其在一些重大突发事件中，在争夺时效性或由于突发事件造成了相关转播设备创伤的情况下，广播往往脱颖而出，彰显了其独特的魅力。2008年汶川地震，在震区通讯设施几乎全面瘫痪的状况下，广播不间断地向灾区和外界通报灾情，发布抗震救灾信息。

（三）电视新闻传播的特性

电视新闻是运用现代电子技术，通过电视屏幕，形象地向观众传递新闻信息的一种手段，既传播声音又传播图像。具体地讲，它是通过电视摄像、记者采访、镜头设计、拍摄、剪辑、写解说词、配音这几个程序来完成的。

1. 新闻现场的纪实性

电视新闻的纪实性直接向受众证明了报道内容的客观存在,极大满足了受众"求真"心理,满足了受众对自己亲眼见到事实的信赖感。电视新闻现场的纪实性极大运用于一些突发事件报道中,如同在"911"事件上,世界各大电视媒体在事件爆发后以最短的时间、极快的速度将镜头对准了新闻现场,以分秒计算的无间断进程推进抓住受众眼球。

电视新闻现场的纪实性使得新闻报道在生动真实的同时更加浅显易懂。电视新闻报道虽擅长对新闻现场的纪实,但画面的转瞬即逝不利于受众深层思考,而文字的逻辑表现力和对信息的梳理更能触动受众的思想深度。

2. 视听结合、声画共用

电视新闻报道是视听结合的传播,声音和画面共同作用于受众的视觉与听觉,形象直观,更能满足受众对于"亲临"新闻现场的要求。穆青在1983年曾提出过视觉新闻的概念:"所谓视觉新闻,无非是形象化、立体化,有典型细节、生动的画面,读来有声有色,使人能够具体地、形象地看到你所报道的事实的真面貌。要善于把概念的表述诉诸充实具体的形象,使我们报道的内容可闻、可见、可触、可感。"[①]

电视新闻视听兼备,其新闻传播活动表现形式也非常丰富。电视新闻中大量的传播手段和形式极大丰富了新闻信息量,而其中丰富的视听语言作为传播符号,具有强烈的直观性和感染力,受众很容易受到触动,更利于受众全方位多角度感知与理解电视新闻。

三、广播电视新闻的传播价值

新闻立台是广播电视立台之本。我国广播电视新闻的传播价值主要体现在信息传播、舆论引导、服务受众、文化传承这四个方面。

---

① 董广安:《穆青新闻思想与新闻实践》,郑州大学出版社2008年版,第73页。

（一）信息传播

信息传播与接受是人类生产生活的必需要务，正因为这一需求不断推动了社会发展变化，才有了广播电视新闻的诞生。广播电视时代的信息传播，不仅是对新近发生事实的报道与解读，也是对知识的扩散，人们可以足不出户，却能快速便捷地了解国际国内重大方针政策的制定与实施，得知与自己生活密切相关的情况变化，从而能够更好地认识世界、了解世界。随着广播电视覆盖率的普及，广播电视新闻逐渐成为政府政令下达与民情民意上传的渠道和桥梁。中央电视台的《新闻联播》早已成为受众群体最大的广播电视新闻类节目，成为了与各省台进行信息交换的中心。2012年11月，中央电视台与美国中文电视等10家海外华语电视媒体签署了节目交换协议，进一步扩大节目的海外落地范围，推进信息的传播与输出，一方面深化合作，实现双赢，另一方面，也充分满足受众对于不同类型与地域信息的需求。

（二）舆论引导

舆论是社会公众关于现实社会及社会中的各种现象、问题、所表达的信念、态度、意见和情绪表现的总和，有正向和负向之分。社会生活中，舆论的力量不容小觑，可以很大程度上影响人们的思维及行为方式，对于巩固政权、稳定社会、促进经济、传承文化具有重要作用。

现今，媒体日益多元化，舆论环境也愈发复杂，舆论导向正确是党和人民之福，而舆论导向错误，则是党和人民之祸。广播电视新闻为受众提供了意见交流的平台，而引导舆论则是其重要任务之一，其将负面的、负向的、非主流的舆论通过有选择的新闻信息引向主流舆论，进而通过媒体舆论引导社会舆论，实施媒体的舆论监督作用。

（三）服务受众

服务受众是广播电视自诞生以来一直担当的重任，其主要是指广播电视能够沟通交流多方信息，并使之服务于社会，从而推动社会的发展。广播电视的服务受众功能一是体现在满足社会及个人对各类信息的需求；二是通过交流活动，起到个人与社会、区域与区域、传统与现代的整合作用。广播电视新闻服务受众功能，强调的就是以人为本、贴近受众，只有满足受众的需求，接地气的新闻报道才能真正为受众喜闻乐见。

"以科学的理论武装人，以正确的舆论引导人，以优秀的作品鼓舞人，以高尚的情操塑造人"，这是党和人民赋予新闻媒体的根本任务。这就要求广播电视新闻媒体必须坚持和践行以人为本的理念，切实关注人民群众的利益，在新闻工作的各个方面都能够做到以人为本，努力增强新闻报道的亲和力、吸引力和感染力。要坚持贴近实际、贴近生活、贴近群众的原则，特别要改"官本位"观念为"平民化"视角，坚持从群众中来，到群众中去。要深入了解和把握人民群众的真实愿望和要求，关心人民群众的冷暖疾苦，关注人民群众对新闻宣传工作的评价和意见，通过科学有效的新闻宣传，营造"以人为本"的良好的舆论环境。只有充分考虑到受众的心理和报道内容与受众的接近性，才能使新闻传播更有深度，更有广度，更有感召力，更有影响力，也更有市场。可以说以人为本是新闻传播创新和参与竞争的有力方式，是媒体树立社会形象、吸引受众的重要手段。

广播电视新闻服务受众一方面体现在内容上，例如天气预报、出行信息、交通指南、餐饮娱乐、就医导向等。随着民生类新闻节目的兴起，"大民生"和"小民生"相对，不仅有国际国内要事大事的报道，也有家长里短、百家碎戏，反映百姓生活点滴。另一方面体现在新闻报道方式上，搭建平台为受众营造良好的互动形式，也拓宽了新闻节目的生存空间，不断吸引潜在受众群。

（四）文化传承

广播电视新闻具有文化传承价值。广播电视作为信息传播的媒介，是一个文化创造的主体，一种美学意识形态。我们创造了广播电视作为我们精神文化传承的传播工具，自然承担着文化传承的责任，可以说，现如今电视荧屏上节目的内容形式等方面，不仅起到了向受众进行文化传承的作用，而且在一定程度上也反映了受众的需求及精神世界的状态。随着新媒体时代的来临，手机、电脑的出现逐渐改变了广播电视在人们生活中的地位，而电视节目也在进行创新，不断地争取受众眼球，履行着自己的责任和义务。广播电视，尤其是电视的文化传承价值主要体现在如下几个方面。

1. 传承文化，弘扬精神

作为我国传播媒介中受众最多、影响力最大的电视，更要肩负着这样的责任，在点点滴滴中进行文化的传播。就影视作品而言，可以多拍些有价值的电视作品，而不是夸张的、缺少内涵的作品，例如《汉字英雄》《汉字听写大会》等节目，将综艺性和知识性融于一体，将文化和娱乐相融合，在满足受众娱乐需求的同时，也起到了文化传承的责任。

2. 满足需求，丰富生活

随着物质生活的提高，人们对精神文化的需求也会相应提高，受众对电视节目的需求也就会随之提升。电视为了迎合受众的需求、提高收视率，自然会不断创新，以求获得更大的效益。例如2013年湖南卫视从韩国MBC电视台引进的亲子户外真人秀《爸爸去哪儿》节目，可谓是赚足了眼球。从这档节目开播之后，我国的亲子类节目数量开始激增，其在谋求收视率的同时也满足了受众对此类节目的需要，丰富了人们的生活。

3. 文化交流，消除隔阂

我国的春节联欢晚会也会在其他国家进行播出，又或者我们可以看到美剧、韩剧，这就是文化的交流，也是观看外国电视节目的受众对外国文化从了解到理解的过程。特别是互联网给予了我们便捷，我们可以收看到很多外国电视节目，而观看这些也让我们对外国的文化越来越了解。虽然文化的差异性仍然存在，但在不断的交流中慢慢弱化。

第四节 广播电视新闻工作的基本原则

广播电视新闻工作是一个宽泛的概念，指新闻传媒中所有岗位的相关工作，包括新闻采访、写作、编辑、编导、评论、制作、播出等采编制播工作，传媒管理、广告、发行、通联等经营管理工作，印刷、传播技术维护等技术及后期保障工作。新闻工作是一项专业性强、要求严格的工作，必须遵守以下几项原则。

一、真实性原则

联合国《国际新闻道德信条》第一条规定："报业及所有其他新闻媒介的工作人员，应尽一切努力，确保公众所接受的信息绝对正确。他们应当尽可能查证所有的消息内容，不应任意曲解事实，也不故意删除任何重要的事实。"真实性原则是新闻工作的首要原则，也是新闻从业者职业道德的底线。具体来说，坚持广播电视新闻的真实性有以下要求。

（一）每一则报道都做到微观真实

微观真实，就是在一则具体的新闻报道中，每一个具体事实都必须与客观实际相符合。新闻的六要素——时间（When）、地点（Where）、人物（Who）、事件（What）、原因（Why）、经过（How）都完全准确无误，并有可资核实的证据。引用的所有资料，比如信件、日记、笔录、电子邮件等，必要的时候都要有明确的交代。绝不允许无中生有、隐瞒事实、偷梁换柱、以讹传讹、添油加醋。也就是说，在报道每一条广播电视新闻时，报道词、采录的现场音响与讲话声、摄录的图像等都必须是完全真实的。

（二）通过连续不断的报道达到宏观真实

宏观真实，或者叫总体真实，意思是指不仅每一条新闻、每一个事实要真实，而且要通过连续不断的新闻报道反映出整个现实的真实。在媒介发达的现代社会中，受众对现实世界的总体印象是通过媒介持续不断的报道建构出来的，这种建构造就了"媒介真实"。当媒介真实与现实真实大致相吻合时，受众对现实的把握也会基本正确；而如果两者之间出现很大的偏差，那么势必将受众对现实世界的认识引向歧途。这就要求媒体从整个现实出发，不要瞒报、漏报一些重大的事实，在正面新闻和负面新闻的报道上要尽量做到平衡。广播电视新闻所反映的现实情景应该符合整个社会的客观现实，在进行报道时要全面、辩证地反映现实，不能以点带面、以偏概全、报喜不报忧。

（三）电视新闻画面形象真实

搬演和补拍是电视片中经常采用的手法，它们可以弥补因画面不足或采集不到而造成的视觉材料缺失，增强电视片的形象感和视觉冲击。但是搬演和补拍而来的画面，即使是严格依据真实情况进行还原，也毕竟不是真实的现场，不可能和事实本身没有出入，因此是有损新闻的真实性的。在电视新闻中，必须保证画面形象的真实性，在纯新闻中一般不允许采用搬演、补拍等再现手法，在其他类型的新闻中，也要慎重使用，注意分寸。广播电视新闻中的现场摄录等是真实反映正在变动中的事物的，必须要及时抓拍，这也是广播电视新闻真实性原则的特殊性存在。随着电子传播技术的不断发达，广播电视新闻工作者除了要追求事实的真实性，也要确保视听结合的形象传播是真实可信的，做到真实性与真实感的统一。

（四）采访声音真实

电视新闻中经常要依靠大量的采访完成报道，在采访声音素材的处理上，也要最大限度地保证真实性。声音素材在进行剪辑时，截取的片段或经过组接后的素材在总体意义的传达上应该不违背采访对象的本来意思，切不可为了达到某种目的,对采访声音移花接木、断章取义,歪曲采访对象的本意。广播电视新闻中的录音同样也是真实反映正在变动中的事物的,要及时进行抓录,从而确保听觉形象的真实性。广播电视新闻的真实性关乎新闻媒体本身的权威性和公信力,广播电视新闻工作如果没有遵循真实性原则,会影响新闻媒体的影响力和引导力,对于新闻工作者的个人信誉也会造成巨大影响。

二、客观性原则

在新闻报道中,传播者的立场、观点倾向等主观意图不宜直接表达,而要隐藏在经过选择的客观事实里面,也就是我们经常提到的"用事实说话",这是新闻客观性的真正内涵。认为客观性就是新闻报道不能传达传播者的立场和观点,只能站在完全中立的立场上对事实进行描述,这种理解是有失偏颇的。

新闻的倾向性不仅是客观存在的,而且也是新闻发挥导向性作用的需要。坚持正确的舆论导向,是社会主义新闻工作的必然要求。但新闻的导向性不是说教,而是必须以事实为基础,把导向性内化在事实当中。如果在广播电视新闻报道中传播者用"直接讲话""直接表态"去代替事实的陈述,那只能是空洞的说教或是苍白的议论,不但不具有说服力,还会引起受众的反感。新闻的导向作用不是通过直接灌输观点达成的,而是必须用客观事实来证明主张和观点,让受众在客观信息中潜移默化地受到影响。所以新闻报道又叫"藏舌头的艺术",新闻传播者要善于把"舌头"——主观的意见和判断藏在客观事实中间。广播电视新闻工作必须坚持客观性原则,要深入实际调查研究,广泛地收集资料,认真听取意见,仔细进行分析,由表及里,去伪存真,从而避免报道的主观性、片面性、绝对化,将事实真相全面、辩证、如实地反映出来。

三、党性原则

我国广播电视新闻工作党性原则的主要内容包括三点：在思想上，要以马克思主义作为新闻工作的指针，宣传党的理论基础和思想体系；在政治上，要宣传党的纲领路线、方针政策，使之成为亿万群众的自觉行动；在组织上，要接受党的领导，遵守党的组织原则和新闻宣传工作的纪律。

当然，在贯彻党性原则的过程中，必须坚持倾向性和真实性的统一。也就是说，鲜明的党性、新闻媒介的立场和倾向都必须建立在新闻真实性的基础上，建立在尊重事实、对客观规律科学认识的基础上。绝对不允许为了符合宣传的立场、观点而改造和歪曲事实。

坚持广播电视新闻工作的党性原则需要做到以下五个方面。一是要全面、准确、生动地宣传马克思主义、毛泽东思想、邓小平理论和"三个代表"重要思想，紧密联系社会主义现代化建设和改革开放的实际，紧密联系广大人民群众的思想实际，解决思想和理论问题。二是要全面、准确、生动地宣传党的纲领、路线、方针和政策，使之变为广大人民群众的自觉行动。广播电视新闻工作者必须在政治上同党中央保持一致，不允许在报刊、广播、电视、网络的公开报道中发表同党的纲领、路线、方针和政策相反的言论。三是要坚持党的领导，遵守党的组织原则和宣传纪律。广播电视事业作为我国社会主义事业的一部分，必须接受党的领导。党的新闻宣传媒介必须无条件服从党中央和上级党委的领导，无条件执行党中央和上级党委的决议。四是要深刻认识社会主义广播电视新闻事业的党性与人民利益的一致性。当前，广播电视通过各种途径鼓励人民群众参与其中，加强了党和政府与人民群众间的联系，不仅增多了与群众直接对话、倾听社会呼声的机会，党和政府也通过广播电视新闻宣传了党的路线、方针、政策，大大增强了对受众的吸引力。五是要深刻认识社会主义新闻自由与资本主义新闻自由的本质区别，防止滥用新闻传播自由权利的现象，坚持党对广播电视新闻工作的领导，在新闻实践中做到对党负责和对人民负责的统一。

四、群众性原则

群众需要是新闻传播赖以生存的基础。马克思在谈到生产和消费的关系时指出:"没有生产,就没有消费;但是没有消费,也就没有生产,因为如果这样,生产就没有目的。""因为消费创造出新的生产的需要,也就是创造出生产的观念上的内在动机,后者是生产的前提。"[1]马克思这里论述的是社会生产的一般规律,它不但适用于物质产品生产,而且也适用于精神产品生产。新闻传播的产品是精神产品。虽然它不同于物质产品及其生产,不能如物质产品那样完全由消费及市场决定,但作为一种产品,它的生产也要受到消费者和消费市场的制约。消费新闻的人很多,大家都需要看新闻,但新闻消费的主体是广大的人民群众。

群众是新闻传播的最高法庭和最高裁判。刘少奇在《对华北记者团的谈话》中说:"你们写东西是为了给大家看的,你们是为读者服务的。看报的人说好,你们的工作就是做好了。看报的人从你们那里得到材料、得到经验、得到教训、得到指导,你们的工作就是做好了。"[2]著名记者范长江说过:"一个记者好坏不是编辑部批准了就算数的,首先要由群众批准。"[3]新闻报道如果群众不看不听,一切等于零。广大群众对新闻传播的这种绝对权威,决定社会主义新闻工作不能不讲群众性。

群众的社会实践和丰富生活是新闻报道取之不尽的源泉。作为客观事物和客观世界的反映,新闻的领域是十分宽广的,新闻报道的内容并无范围限制,更没有固定不变的对象。然而,人民群众的社会作用和历史地位决定了,最重要的新闻源乃是人民群众改造客观世界的社会实践及其日常生产和生活。"问渠哪得清如许,为有源头活水来。"凡优秀的新闻报道多来自群众、来自实际、来自生活。如果脱离了人民群众的社会实践和日常生活,新闻传

---

[1] 马克思、恩格斯:《马克思恩格斯选集》(第2卷),人民出版社1995年版,第9页。
[2] 朱移山:《中国新闻传播史文选》,合肥工业大学出版社2016年版,第239页。
[3] 范长江:《范长江新闻文集》(下),新华出版社2001年版,第1146页。

播就会变成失去源头活水的码字行当。

　　对于广播电视新闻工作而言，要想引导社会舆论、满足社会需要、服务群众，达到预期的宣传效果，实现广播电视新闻节目的内在价值，必须要充分了解我国广播电视受众的特点，充分重视他们的需求和心理动机，把握其需求变化。坚持广播电视新闻工作的群众性原则，需要从以下两个方面进行把握。一是要从思想上确立服务群众的意识，以群众需要为新闻价值的取向。二是要从行动上坚持服务群众的理念，维护群众的合法权益，努力适应和满足群众需要，了解群众的所想所需和兴趣爱好，理解其心态追求，把握其情感脉搏。

　　坚守新闻工作的真实性原则，有利于广大新闻受众获取真实可靠的消息；坚守新闻工作的客观性原则，有利于社会舆论的公平公正；坚守新闻工作的党性原则，有利于引导全社会共建社会主义核心价值观；坚守新闻工作的群众性原则，有利于践行以人为本的理念，构建社会主义和谐社会。

第三章　广播电视新闻的传播符号与节目类型

第一节　广播电视新闻的传播符号

新闻信息的传播离不开传播媒介。由于广播电视新闻的传播媒介不同，所使用的传播符号也有明显不同，这就要求我们在制作和加工新闻信息时，要充分考虑各类传播媒介间的差异。广播是听觉媒介，依靠听觉符号传递信息；电视是声画兼备的媒介，使用听觉符号和视觉符号，其符号系统比广播更为复杂。

一、广播新闻的传播符号

广播只能传递声音符号。广播新闻中声音的种类有语言、音响、音乐以及比较特殊的无声语言。广播新闻节目要达到良好传播效果，要善于使用这4种声音符号，使其能够 晰、准确、生动、形象地传达新闻信息。

（一）广播语言符号

1. 新闻播音语言

新闻播音语言主要体现在单纯使用语言这种声音形式来传达新闻内容的节目中，通常由主持人在播音室完成，并且有事先准备好的文字稿。该文字稿可以是记者编写的新闻稿，也可以是编辑或者主持人撰写的节目串联词。无论是哪一种形式，都需要遵循媒体新闻写作的规范。相对而言，言语活动的标准性和规范性是比较明显的,这有助于淡化主持人的个人性和随意性,强化媒体形象的统一性。

2. 新闻报道语言

新闻报道语言主要体现在录音新闻或现场报道中。具体来讲,在录音新闻中,它是指记者现场采访所运用的语言。在现场报道中,主要指记者现场解说或者连线所运用的语言。记者在采访的过程中一般是没有文字稿的,此时记者编辑为报道新闻而播讲报道词、解说词时候使用的语言是需要依托记者的现场反应和语言运用能力的。新闻报道语言同样需要遵循新闻报道的真实性和客观性的原则,只是相对而言,口语色彩比播报语言略高,现场感和交流感更强,也会比播音语言显得更加自然和生活化。

3. 实况语言

实况语言主要是指在新闻现场或播音室接受访谈的人员所运用的语言。这类语言的形态相对比较多样,它与被访者的身份、职业、文化水平和年龄等因素紧密相关,真实反映新闻事件现场的情况。除此以外,随着新闻节目形态的丰富,有越来越多的播音室访谈出现,这个时候的主持人语言介于播音语言和记者语言两种形态之间,语言运用也需要兼顾规范性和交流感。

(二)广播音响符号

从内涵上说,音响符号是指在语言符号之外的、能够传递信息并承担意义的声音符号;从外延上说,包括事实音响和修饰音响;从特点上看,它虽然没有语言符号的逻辑性、意义性,但有时更直观、更真实,运用好效果更佳。电视新闻传播中的音响可以增加信息传播的容量,但应注意采录具有典型代表性的音响。

1. 事实音响

事实音响就是指现场采录的各种声音。广义上它包括言语音响和环境音响,其最显著的特征是真实性。

言语音响是广播中最能够体现出现场感和生动性的声音,在广播新闻中,它具有极强的真实性和感染力。尤其是那些紧扣主题的典型音响,从某种角度来说,它的说服力和影响力甚至远远超过记者解说的力量。但需要注意的是,不能为了音响而音响,在选择的时候,需要选取那些能够真正代表事件意义、展现人物性格或隐含精神内核的言语音响。

有声语言符号之外的声音我们都统称为环境音响,包括各种自然的声音,例如风声、雨声、水声、雷声,也包括各种动物的叫声、行动声,例如蛙鸣、马嘶、猿啼等,还包括生活当中的器物、人群等多种声音。这些声音和语言符号相比可以说是"虚"声,发挥"虚实相生"的作用与效果——它和有声语言联合,从而强化了语言符号强调的意义和场景。从局部来讲,有时环境音响可以单独表意,也可展现象征意义,或者起到转场时的切换作用。

2. 修饰音响

修饰音响是指音响作为一种结构性的符号来使用,比如,若干条新闻之间的间隔。其功能一是便于受众收听和消化理解,二是特殊声音符号刺激可引起听众的注意。

(三)广播音乐符号

音乐符号也是一种交流情感、沟通思想的符号。音乐的基本要素包括音的高低、长短、强弱和音色等。由这些基本要素相互配合,形成音乐常用的形式元素,例如节奏、旋律、曲调、和声、力度、速度、调式和曲式等。[1]而这些元素的不同组合可以呈现出不同的音乐,也能表达出不同的感情。在广播新闻中,音乐是广播传播符号的重要组成部分,尤其是文艺类节目非常必要的组成部分。

从广播新闻中的音乐符号的内容和形式两个层面来分析其具体运用:在内容层面,音乐符号是广播新闻必不可少的内在要素。很多新闻事件与音乐密切相关,例如在音乐场所产生的新闻,音乐本身就是新闻事实的重要组成

---

[1] 王贤波、叶帆:《广播文艺节目编辑与制作》,中山大学出版社2015年版,第46页。

部分。在形式层面，音乐也可以作为修饰音响来运用，例如新闻节目的片头音乐、片尾音乐、间隔音乐等，这种修饰性音乐有利于新闻节目的完整度和亲和感，增加了节目的丰富性，不至于显得过于单调和枯燥。

（四）广播无声语言

无声语言是广播新闻信息传播中的一个特殊的元素。严格说来，它既不是语言符号，也不是声音符号，但有时却能传达更深的情感和更大的力量，起到无声胜有声的效果，增加了传播符号表现的层次感，创造了独特的意境。正如沃尔夫冈·韦尔施所说："在感官蒙受的轰炸之中，我们需要些间歇地带，需要有明确的停顿和安宁。"①无声语言通常体现在广播新闻信息传播中的留白，适当的留白和间歇比音响符号和音乐符号更具震撼力。

二、电视新闻的传播符号

电视新闻传播符号是指在电视新闻传播过程中承载、传达信息的各类符号系统的总和。与广播新闻不同，电视新闻不仅能够传声，还能够传画。因此，我们将电视新闻的传播符号分为可视性视觉符号与非可视性听觉符号。

（一）可视性传播符号

1. 造型符号

造型符号是一种非语言符号，其意义在于其自身是一种难以用语言来表述其中模糊而又具体的信息，它是多通道的、无序性交叉传播的。《电影艺术辞典》中对其的解释是："艺术家用以构成视觉形象的各种因素，体现创作构思的造型手段和技法的总和。"②电视图像离不开造型符号。

---

① [德] 沃尔冈夫·韦尔施：《重构美学》，陆扬、张岩冰译，上海译文出版社 2002 年版，第 232 页。
② 许南明：《电影艺术辞典》，中国电影出版社 1986 年版，第 417 页。

(1) 形体符号

电视新闻传播要素中最基本的要素就是形体符号，它能够进行形体语言表达。我们知道，人的形体动作，往往并不是单纯的一个形态，实际上具有深刻而丰富的内涵，表达了很多动作发出者的"声音"，这种声音听不见却看得着。此外，眼神交流是形体语言中一种较为特殊的语言。"眼睛是心灵的窗户"，很多时候，眼神传达了内心的想法和态度。

人体在镜头中的不同角度会呈现出不同的体态力度。对人物进行拍摄时，远距离拍摄信息量较为丰富，但景象小，不利于突出主体，更多交代了环境信息，而近距离拍摄的主体突出但信息量则相对减少。摄像时的光线对比和明暗变化也会对拍摄主体产生不同的影响，受光或者背光会让主体产生不同的形与影，从而呈现出不同的传播效果。焦距的变化会产生虚实的转换，从而塑造不同的影调，起到修饰形体、突出重点的作用。当然，在实际的电视新闻传播中，形体符号还会伴随传播内容及新闻主播和出镜记者的互动中产生出更多丰富的内涵，这是需要在实际新闻信息传播中去进行更深一步的把握和开发的过程。

(2) 表情符号

人类面部的肌肉运动引起的表情也是传播的重要内容之一。喜怒哀乐都可以在表情中反映出来，每一个面部表情都传递着不同的信息。需要注意的是，表情语言与它的背景是不可分割的，在不同的环境下不同的表情拥有不同的解读方式，例如，究竟是眉目传情还是眉开眼笑抑或是眉飞色舞，这与具体环境息息相关。面部与其他体态相比较，表情达意最直接、最丰富、最微妙，它给观众的第一印象，常使观众过目难忘。丰富的表情富有感染力，但应注意和内容合拍，不可过分夸张。

(3) 服饰符号

随着时代的不断发展，人们在穿衣打扮上体现出越来越多样化的风格。不同民族、不同年龄、不同职业、不同性别等差异，都会在人们的穿衣风格上有所反映。电视画面场景多样,不同新闻、不同人物的服装也会有很大不同,注重其服装语言有利于发掘人物性格,体现新闻真实度。

具体到电视新闻的画面表现中,通过服饰符号传递不同的节目特性和信息表述以及情感表达,例如财经类新闻节目主持人的穿着多为时尚干练,而民生新闻节目的主持人则多会穿着简单大方,较为平民化。

(4)色彩符号

色彩作为一种传播符号,会使画面产生强烈的现实感。通过对色彩的运用,发掘出其象征意义也是电视新闻传播的惯常做法。色彩的象征意义通常凝结着传统习惯与民俗特点。一般说来,颜色通过其象征意义来表达一种情绪和感受。例如在我国文化中,红色通常代表着热情、活泼、热闹、温暖、幸福,它体现了中国人在精神和物质上的追求,象征着吉祥、喜庆。不同文化之间颜色象征意义都是在社会发展、历史积淀中约定俗成的,是一种永久性的文化现象。它们能够使语言更生动、有趣、幽默、亲切,更能够在电视新闻节目的传播过程中用来表情达意。

(5)空间符号

空间符号指电视画面中出现的人与人之间的距离或人物与景物、事物之间的距离,可显示人际关系的亲疏,可显示人物与景物、事物之间的有机联系、主次关系或烘托陪衬关系。[①]空间符号传达的语言信息,在一定程度上构成了电视新闻传播的信息和内容。

(6)图表符号

在电视新闻中,有些历史事实是无法再现的,一些抽象的东西及统计数据很难用语言表达清楚,所以需要依靠图表符号来辅助表意。图标符号较为简洁明了、形象地表述一些抽象、枯燥的资料、数据,使观众接受起来也更方便。

---

① 张骏德:《现代广播电视新闻学》,四川人民出版社1996年版,第52页。

（7）照片符号

通常情况下，电视新闻画面是由活动的影像配合声音组成的。但是受现实条件制约，一些时候因为时过境迁，采录人员无法拍摄现场画面；或者重大刑事案件现场，由于保密需要禁止摄录，就会导致无法播放新闻影像，只能播报照片甚至只能做口播新闻。这种情况具体可分两类：一种是在画面内出现播音员或主持人的头像；另一种是屏幕内只用一些现场的新闻照片加一些文字标题。在这种情况下，新闻照片或单纯口播新闻虽然缺少了一些现场感，但也能及时为受众提供及时可靠的信息，不失为一种电视新闻传播的重要手段。

（8）镜头与特技符号

画面的快慢镜头，淡入淡出，以及镜头的变化、渐变、电子动画、特技声音等，都可以列入特技符号的范畴。此外，电视新闻传播中，电视画面是镜头的选择与排列，并按照创作者的思想和表现意图组接后形成的一个完整产品，镜头符号在电视新闻传播中也可以阐明事实、传递信息、引导舆论、表情达意，增强新闻的表现力和感染力。

2. 文字符号

《辞海》认为，文字是记录和传达语言的书写符号，是扩大语言在时间和空间上的交际功能的文化工具，对人类的文明起很大的促进作用。[①]自从文字诞生以来，文字就承担着信息传播、文化传承的功能，在大众传播媒介和新媒体并存的传播环境中，文字符号以其特有的传播方式和影像符号共同传播新闻信息。

（1）画内文字

画内文字是指电视镜头中拍摄对象所包含的字符，常见的有会议的标语、横幅，建筑物名称和路标等。这些文字能够传达一定的新闻信息，往往对于新闻的整体性、新闻重点的突出性具有重要作用。例如某自然灾害案件新闻

---

① 辞海编辑委员会：《辞海》，上海辞书出版社2001年版，第2217页。

呈现出现场建筑物名,以便市民近期避开该场所,保障人身安全。值得注意的是,在拍摄过程中,一定要注意保证图片的真实性与合理性,不能误导观众。

(2)屏幕文字

屏幕文字是指根据节目内容的需要,在后期制作时通过电脑技术添加的文字,具有补充和增强节目内容表现、提高节目完整性的效果。屏幕文字与声音、图像三者互为补充,相得益彰地赋予电视节目图文并茂的直观性特点。电视新闻常见的屏幕文字主要有四类:一是提要式,即针对新闻内容作重点概述;二是插入式,即在不打乱现有节目的情况下以滚动字幕的形式播报临时发生的重大新闻;三是整屏阅读式,即特殊新闻以全文字稿的形式展现;四是注释式,一般用在人物访谈中,标注在人物头像附近,作介绍之用。

(二)非可视性传播符号

电视新闻的非可视性传播符号系统主要指的是声音符号,其可分为有声语言符号和非有声语言符号两种。其中,有声语言符号能够丰富电视新闻传播的信息量,有助于表达画面以外的复杂内涵和意义。

1. 有声语言符号

有声语言符号也是电视新闻信息传播的主要载体。有声语言能够表达丰富复杂的意义,能够充分满足生活交际的需要。有声语言通过一定的语言表述,描写、反映客观现实,表达思想、感情和观点,内容十分广泛。电视新闻传播中的有声语言又包括播音语言和现场语言两种。

(1)播音语言

播音语言是由专职的播音员主持人用来播报新闻的有声语言,具有简明通俗、完整准确的特点,可以"延伸画面,扩大信息量,补充画面不足,挖掘内涵,渲染气氛,提升主题,连接画面实现语言蒙太奇,顺利过渡转场"[①],从而完整地形成对新闻事实的表述。

---

① 徐舫州:《电视解说词写作》,北京师范大学出版社2001年版,第147页。

（2）现场语言

现场语言也叫人物同期声，指电视新闻拍摄画面所记录的人物声音，也就是通常所说的画内声，包括记者采访现场叙述、与人物的对话，以及环境中的非采访性人声等。电视新闻现场语言既有传达文字信息的功能，又有画面语言的功能。要注意现场语言的使用，过度使用可能会导致新闻节奏拖沓，丢失重点，节目效果自然也会很差。

2. 非有声语言符号

（1）现场音响

相对于现场语言来说，现场音响是电视新闻拍摄过程中来自新闻现场的除了人物语言、音乐之外的所有声音的总和，包括机器工具的声响、动物的声音等。电视新闻节目中的现场音响与现场语言合称同期声。现场音响以其对现场环境的逼真刻画，深化了画面所不好表达或不便表达的深意，具有强烈的感染力和表现力，有利于情感表达与深化。

（2）音乐符号

音乐是反映人类真实生活情感的声音艺术。当音乐和电视画面有机地结合在一起时，通过音乐强烈的感染力让电视画面语言更加生动、真实，通过电视画面丰富的情感性让观众对节目有更深的理解和解读，获得更深层次的审美感受。

第一，现场性音乐。现场性音乐是新闻事实的一个有机组成部分，由录音设备同步采集录制下来，例如新闻节目中的晚会现场。这种情况下的音乐仅仅是新闻的一部分，用以增强电视新闻的真实性，彰显现场感，并不具备音乐的抒情性。

第二，背景性音乐。背景性音乐在电视新闻节目中特别是综合新闻节目中运用较少，而在专题类新闻中出于抒发感情、深化主题的需要会有意识地用到，起渲染烘托深化作用。

综上所述，我们可以发现，传统纸质媒介传播信息主要依靠视觉符号，广播传播信息主要依靠听觉符号，电视传播信息则兼用视觉、听觉两大符号。

可以说，广播电视新闻的传播，在很大程度上拓展了传播符号的范围，研究广播电视新闻的传播符号具有十分重要的意义。

第二节 广播电视新闻的节目类型

广播电视作为当代主流的两大媒介，在新闻传播方面发挥着无可替代的重要作用。广播电视新闻既有源自传统纸质媒介的节目类型，也有独具自身特色的新式节目类型。这让新闻报道的形式可以有更多选择的空间，让新闻能够更好、更有效地传播。

一、广播新闻的节目类型

（一）广播消息

广播消息是迅速及时、简明扼要地报道新闻事实的一类广播新闻体裁。它是传统新闻消息体裁与广播媒介相结合的产物，需要同时体现传统新闻消息体裁特征和遵循广播传播规律。广播消息单纯诉之于听觉，稍纵即逝，因此内容上要求浅显易懂、要点突出、短小精悍。一般按是否运用音响可分为口播消息和录音消息两类。

1. 口播消息

口播消息即不带音响的消息，一般由播音员、主持人根据文字稿播报。口播消息来源广泛，除本台记者采写的以外，还有来自通讯社和其他媒介的稿件及通讯员、听众来稿。按内容性质分为事件性、经验性、述评性消息和人物消息；按内容构成分为单因素消息和多因素消息；按内容和形式相结合的原则分为动态消息、非动态消息、综合消息和简讯。但不论来自什么渠道或运用什么形式，口播消息都要坚持口语化的方向，按便于说、听的要求，认真写作、编辑并做好声音转化工作。

2. 录音消息

录音消息是指运用音响和解说词报道新闻事实，经过后期合成播出的消息类型。与口播消息相比较，录音消息由于运用录音材料，往往可以增强新闻的可信度。音响必须绝对真实且少而精，在这个基础上恰当处理音响和解说词的关系，才能收到二者相互配合的预期传播效果。

（二）广播新闻专题

在广播新闻中，对篇幅相对较长的非消息类新闻报道统称为"专稿"或"专题"。专题的时效性比不上消息，但胜在深度。专题不仅应报道简单动态，还应搞清事件的前因后果、来龙去脉。

1. 广播通讯

通讯是我国各种新闻媒介共用的新闻体裁。这种体裁综合运用叙述、描写、抒情、议论等表现手段，可以多方面、多层次、生动形象地报道人物、事件或问题，具体深入地反映人物的成长和事物的发生、发展过程，揭示人物的精神风貌和事物的本质等。它比消息的容量大，表现方法也更加生动活泼、灵活多样。广播通讯是通讯体裁与广播的传播特点相结合的产物，它是一种比较详细、形象又带有现场色彩的新闻体裁。

2. 广播专访

广播专访是以访谈对话的方式，深入揭示新闻事件、新闻现象、新闻话题的节目样式。其形式特点为采用"一对一"或"一对多"的问答方式，模拟日常人际交流，生动活泼而富有感染力。广播专访节目除主持人外，还需将新闻当事人或与新闻事件密切相关的专家、权威人士邀请到节目现场，在对话中体现人物的个性风采、思想观念。

3. 广播特写

广播特写是一种充满想象、有特点、有趣，主题有相当深度，表现手段没有任何限制，音响、语言和音乐很有感染力的信息传达方式。在新闻领域中具体运用时，讲究以纪实的手法，着眼于人、事、物的典型特征，进而进行细致入微的刻画，突出人、事、物所表现出的品质或道理。特写是一种以小见大的报道体裁，有"窥一斑而见全豹"的目的，具有一定的文学色彩和艺术欣赏性，通常可分为短篇特写和长篇特写两种。

（三）广播新闻评论

改革开放后，随着以"珠江模式"为标志的广播改革的进行，各种体现广播特色的节目形式和广播运作模式开始出现，口头评论、谈话体评论、录音评论等新的评论类型开始在广播中得以大量运用。

1. 口头评论

口头评论专指评论者（记者、主持人、评论员等）自己播讲的评论形式。口头评论以个人名义发表，评论内容灵活多样，有利于吸纳多方意见，办活广播评论。其语言风格个性化、口语化，更适合广播的"听"。

2. 谈话体评论

谈话体评论是一种模拟日常谈话的广播评论形式。通过两名或多名谈话者对新闻话题的讨论、交流，达到评事说理的效果。谈话体评论的优势在于节目互动性强，各方观点表达充分，听众的代入感更强。

3. 录音评论

录音评论又称音响评论，指运用了音响材料的一种广播评论形式。录音评论中的音响材料截取知情人、权威人士等的谈话，借用他人观点、态度表达来充当论据，有利于增强评论的说服力。在录音评论中，带有音响的广播述评是一种极为常见的评论样式。这种融合说事与论理，将录音报道和评论性文字结合使用的方式，浅显平易、生动形象，尤其具有广播特色。

二、电视新闻的节目类型

（一）消息类新闻

消息类新闻指运用电视手段，简明扼要、迅速及时地对新闻事件进行报道的一类新闻节目。消息类新闻也即狭义的电视新闻，它们最为常见，数量也最多，大多数新闻栏目都是由这类新闻节目构成的。例如，中央电视台各频道播出的《新闻联播》《新闻 30 分》《晚间新闻》等，都是以消息类新闻节目为主要内容的。

（二）专题类新闻

专题类新闻指对新闻事件进行详细、深入、系统、全面报道的一类电视新闻节目。专题是消息的扩展和延伸，一般篇幅较长，甚至单独一条就可以构成一个新闻栏目或特别节目。中央电视台的《新闻调查》《法治在线》等均是知名的新闻专题栏目。根据报道对象和手法的不同，电视新闻专题可分为以下三种常见类型。

1. **调查式专题**

调查式专题的核心特征是对问题的探究和内幕的揭露，代表节目有《新闻调查》《每周质量报告》等。

一个调查式专题节目能否成功，选题至关重要。《新闻调查》栏目组认为，一个选题能否算得上调查性报道，必须具备三个条件：第一，调查的内容是损害公众利益的行为；第二，这种行为被掩盖；第三，调查是记者独立展开的，是电视媒体自身进行的调查，并非报道他人的调查行为和调查结果，借助司法或者是纪委的力量所做的大案要案属于调查节目，不是调查性报道，因为它不是独立调查。[①]针对这三点，调查式专题要注意把握三个要素：选好调查的对象，注意调查的严谨，展示调查生动的过程。

2. **综述式专题**

综述式专题是对某一新闻事件、问题做比较全面、系统报道的专题节目类型，它往往是在了解全局的基础上，对某一典型事件在全局中的位置、作用及可能的影响与走势进行梳理、分析、预测。例如曾获中国广播电视新闻奖的作品《在大海中永生》，以邓小平同志骨灰撒放大海为契机，追述了他

[①] 叶子：《现代电视新闻学》，中国广播电视出版社 2005 年版，第 290—291 页。

波澜壮阔的一生，以及他对中国人民和中国革命与建设事业所作出的伟大贡献。这一 12 分 40 秒的节目，汇集了邓小平同志光辉一生的历史资料，展现了一个个珍贵的历史瞬间，将新闻事实与历史背景相融合，是一则优秀的综述式新闻专题。

3. 专访式专题

它是由电视记者（或主持人）对新闻人物（亲历者、目击者）或有关部门权威人士进行专题访问的专题报道，具有较强的针对性和说服力。它从节目形式上区别于前两类电视新闻专题：由主持人或记者主持，在演播室或新闻现场进行采访，以问答为主要形式。代表节目有中央电视台的《面对面》、东方卫视的《东方直播室》等。

（三）新闻评论

新闻评论是指对新闻事件作出分析和评断，表明记者、编辑或媒体态度、立场、意见的一类新闻节目形式。如果说消息是新闻的主体和基础，那么评论则是新闻的灵魂和旗帜。电视新闻的强大影响力不仅源于它所提供的事实材料，更来自它作为观点提供者对新闻事实进行的解读与评价。近年来，我国电视新闻评论节目有了明显的进展，表现为评论类节目的数量增多且有特色，评论内容逐渐丰富，评论形式日趋多样。

1. 电视新闻评论的传统形式

和广播一样，早期电视新闻评论主要沿用报刊新闻评论的样式，往往以播音员口播文字稿为主，这种"报刊体"的评论有以下三种具体形式。

（1）本台评论和本台评论员文章

本台评论相当于报纸的社论，分量较重，往往用于较为重大的新闻事件，在电视新闻节目中的使用较为谨慎。以中央电视台为例，本台评论多用于配合重大节日和重大事件的报道。例如，在对 2009 年国庆 60 周年（中央电视台播出本台系列评论《我与祖国共奋进》）的新闻报道中，采用了本台评论以增加报道分量、有效引导舆论。2010 年青海玉树地震之后，中央电视台《新闻联播》连续在节目中播出《全力以赴，救人！》《我们都是玉树人！》《共同悼念坚强前行》《坚持，就是力量》《不辱使命忠诚为民》等多篇本台评论。这种对重大事件独立发表见解与评论，体现了中央媒体的主流观点，引导功能突出。

（2）本台短评

本台短评的规格略低于本台评论和本台评论员文章，但依然是媒体立场和观点的表达，措辞较为严谨和书面化。顾名思义，本台短评以"短"为特色，往往配合一些重点新闻出现，以增加报道分量、凸显媒体观点。2008年上半年，《新闻联播》便在北京奥运倒计时100天、五一劳动节、五四青年节期间，播发《北京在微笑》等短评，发挥了舆论引导的作用。

（3）编前话和编后话

编前话、编后话脱胎于报纸评论中的编者按和编后语，是依附于新闻报道的一种画龙点睛式的简短的编者评论。编前话多以说明为主，编后语则重在对新闻事件的点评和升华。

2. 电视新闻评论的特殊形式

随着电视新闻评论实践的发展与探索，其逐渐摆脱了单纯模仿报刊评论的做法，更为重视评论的可视性，出现了越来越多具有电视自身特点的评论样式。

（1）谈话体评论

谈话体评论和专访式专题虽然都以演播室的谈话为特色，但在谈话体评论节目中，新闻事实淡化为背景、由头，参与谈话者举事论理，目的重在表达观点、抒发见解。谈话体评论除了可以作为一档完整的新闻节目出现之外，也可以成为其他新闻节目的组成部分。例如，在中央电视台推出的伊拉克战争特别报道中，主持人与嘉宾边谈边评。

（2）主持人评论

主持人评论是指由电视新闻主持人以第一人称口吻和口语化的语言抒发

个人观点、意见的评论样式。其特点为短、平、快，在评论的角度见解、表述习惯、语言风格上具有主持人的个性化特征。主持人评论因其交流感强，在评论中融入了个人谈吐风格，更易打动和影响受众。

21世纪以来，国内电视界迎来"民生新闻潮"，在众多民生新闻栏目中，短小、灵活、轻松、幽默的主持人评论成为节目的特色与亮点。这类评论夹叙夹议，点评与新闻播报水乳交融，贴近生活，为老百姓所喜闻乐见。以《南京零距离》为例，主持人孟非对社会新闻的点评受到观众的欢迎，成为该栏目收视率的重要保障。

（3）电视新闻述评

电视的真正优势在于声画合一和强烈的现场感与真实感，而用事实说话正是实现这一目标的有效途径。电视新闻如此，电视新闻评论亦如此。电视述评是一种能够充分发挥电视特长的评论样式，它注重对新闻现场画面和同期声的使用，夹叙夹议，既报道事实，又对事实进行分析、评论。1980年中央电视台开播的《观察与思考》被称为中国电视史上第一个新闻评论性栏目，在我国电视新闻评论史上具有里程碑式的意义，它标志着一种不同于报刊与广播评论的新的电视评论节目样式——新闻述评的出现。自1994年播出至今的《焦点访谈》是更加广为观众知晓的电视新闻述评节目，它以其重大的选题、强有力的舆论监督、"用事实说话"的报道技巧受到广泛的关注与好评。

值得一提的是，在如今的电视新闻节目中，各种节目样式的边界呈现出模糊化趋势，新闻报道与新闻评论常常融为一体，难以区分。例如，很多新闻主播在播报新闻之时，对新闻的即兴评述可以成为节目串联的一种手段；在新闻谈话节目中，谈话嘉宾的发言也可能主客观掺杂，既有事实的讲述，也有背景分析和评论性意见。这一定程度上也体现了当今我国电视新闻节目的发展新趋势。

第四章 广播电视新闻选题

第一节 广播电视新闻的选题渠道与范围

广播电视是当今最主流的媒体,广播电视新闻是当代信息传播的重要渠道。通常来说,广播电视新闻工作流程的首要工作就是确定新闻选题,这直接关系到最终新闻报道的具体作用和影响力。在这里必须强调的是:"新闻选题的核心是记者对进入自己认识范围内的事物有没有新闻价值的判定,弄清楚什么是一般事物,什么是有新闻价值的事物,把有新闻价值的事物纳入报道计划就形成了新闻选题。"[1]也就是说,记者只有掌握一定的新闻选题来源,熟知新闻的选题范围,了解新闻价值的判断标准,才能最终完成新闻选题工作。

一、广播电视新闻选题渠道

广播电视新闻选题植根于现实,涉及整个社会生活的方方面面。这就要求记者在生活中要做一个"有心人",做到处处留心、事事在意,从而发现选题,获取选题。一般说来,记者获取选题的来源主要有以下几种。

---

[1] 陈作平:《新闻报道新思路——新闻报道认识论原理及应用》,中国广播电视出版社2000年版,第25页。

(一)来源于党和政府的相关政策、文件等

记者必须学会从党和政府的相关政策和文件中获取有价值的广播电视新闻选题。选题的价值在很大程度上取决于创作者本人的眼光高度。作为一个广播电视新闻记者，要想做出一个有价值的选题，仅仅掌握一定的专业知识是不够的，必须将视野投入到更广阔的空间中去。与时俱进地学习党和政府的政策、法规，浏览政府网站、注重政府工作会议中所传达出的信息等，有助于拓宽记者的视野。所以，不论是为了寻找选题，还是为了拓宽个人视野，记者都应该学习和研究政府的重大政策及其相关文件。一般说来，党和政府的各类文件、会议、讲话、通知、简报中所传达出的信息都与国计民生问题息息相关。一个优秀的记者应当在熟悉、理解政府一部分重大决策的基础上，着眼于现实，发掘政府决策可能会在生活中引起的某些变化，在这些变化中寻找新闻选题。如中央出台整顿小煤窑、小矿山的政策，记者即可对当地矿山、当地煤窑的历史和现实情况进行调研，寻找具有典型性的案例进行报道，从而探究出地方矿山、地方煤窑在哪些地方存在问题，它们整顿的过程如何，整顿经验是否具有推广的意义等。

(二)来源于社会生活

关注老百姓生活，从社会生活中获取广播电视新闻选题是新闻记者获取新闻选题一个重要途径。这种选题来源具有广泛、分散、灵活等特点，这就要求记者采写新闻必须要"多跑""多看""多感"。民众是所有大众媒体共同的服务对象，关注普通人的生活、帮助民众反映和解决问题、展现真实的社会民生是所有新闻工作者努力的重要方向。社会民生新闻选题作为广播电视新闻选题的主要组成部分，是最贴近老百姓生活的，也是最关乎人民群众切身利益的，应当给予足够的重视。记者可以在社会生活中发掘的选题有很多，包括老百姓的衣、食、住、行问题，例如物价上涨、房价波动等；特定时期的特定事件对社会造成的影响，例如中考、高考对于考生、家庭的重

要性；某些承载了一定社会化、符号化的意义的特定人群（根据职业或地域划分）身上所发生的新闻故事，例如农民工问题、北漂人群的经历等。总之，只有将关注点置于受众的需求与发声愿望上，广播电视新闻才能赢得更多受众的关注。因此，如何让民生新闻选题更加切合民生，是广播电视新闻工作者需要长期思考的问题。

（三）来源于互联网

前联合国秘书长安南早在1998年就预言互联网是继传统纸质媒介、广播和电视之后的"第四媒体"，随着信息技术的不断发展，这一论断也被证实。2019年2月28日，中国互联网络信息中心发布了第43次《中国互联网络发展状况统计报告》。该报告指出，截至2018年12月，中国网民的数量已达到8.29亿，互联网普及率为59.6%。值得注意的是，该报告显示网络新闻用户高达6.75亿，这样庞大的用户基础，是任何新闻媒体都不能忽略的。因此，广播电视新闻工作者在选题来源与选题内容上必须重视网络内容。2019年7月30日，一段保时捷女司机当街掌掴男司机后帽子被打飞的视频在网上迅速流传。随后，网络曝出该保时捷女司机多段视频，其自称"爱飙车、经常闯红灯、扣分随意销"，引发公众强烈关注，不少网友质疑其家庭背景、收入来源、交通违法处理等情况。各大媒体得到信息后也迅速展开深入报道，事件急速升温，最终由公安部门彻查清楚并发布公告。可见，网络已经成为当今新闻选题的重要来源。

（四）来源于其他媒介

来源于其他媒介并不是说抄袭、照搬其他媒介的新闻报道，而是借鉴、提炼其新闻信息，用自己的观点和方式从不同的角度进行报道。广播电视新闻工作者应比普通受众更加关注"其他媒介"的新闻报道，以求从中发现国际与社会的最新动态、最新资讯、最新事件，为自身的报道工作提供最新的选题来源。其他媒介一般分为下列两种。

第一种指的是范围上的"其他媒介"。例如，有重大事件发生时，离发生地距离较远的媒体，获取第一手新闻资料的时效性与直接性就显得有些不足，必须利用当地可信度较高的广播电视新闻媒体所发布的即时资讯。伊拉克战争时，中央电视台播出的战地电视新闻大多依托于阿拉伯半岛电视台的新闻资料。

第二种是指类型上的"其他媒介"。传统纸质媒介的群众基础相当深厚，广播电视新闻工作者应注意从传统纸质媒介的最新已发新闻中寻找选题来源。一些电视记者就是从传统纸质媒介上刊登出的一些小消息中找到了有价值的新闻选题，之后去追踪、去采访，发现新人物、新事件，从而以新的视点形成一篇优秀的电视报道。例如，某地发生流行病，报纸率先进行了报道，广播电视新闻工作者就可以根据这一情况，关注药品可能会现紧缺与配置面临挑战的问题，就可以将之作为选题，进行跟进采访，促使流行病期间药品的供应问题及早得到解决。

（五）来源于个人关系网

在生活中，记者要广交朋友，要与各行各业人员建立关系，形成自己的新闻线人，从而织成一张新闻线索来源网络，以便能够及时获取选题。一般说来，各个领导机关、基层单位往往能第一时间获得最新的新闻资讯，因此和相关单位搞好关系，是新闻工作者获得选题的重要手段。有的新闻媒体甚至会直接和本地派出所建立关系，有相关的出警信息直接通知新闻媒体，这样如果是有价值的新闻信息，警察赶到现场的时候媒体也就赶到了现场，可以及时带回第一手的现场资料。

二、广播电视新闻选题范围

对于从事广播电视新闻工作的记者或编辑而言，广播电视新闻的选题范围极为广泛，它可以涉及我们社会生活的各个方面、各个领域。但要注意的是，并不是所有的选题对象都值得广播电视进行报道。根据以往新闻工作者经验的总结，以下几类广播电视新闻选题更容易引起受众关注。

（一）常规性的重大事件与活动

在现实生活中，某些选题是以固定的时间周期出现的，如重大的节日、宣传日、政事、庆典、大型比赛、国际会议等。此外，一些重大政策的出台也会围绕某些固定的政事活动而产生。由于此类活动、事件的举办或出现具有一定的常规性，并以其长久以来形成的重要性与显著性吸引着受众的目光，所以各类媒体普遍会给予高度重视。但不容否认的是，此类选题虽然具备较高的新闻价值，但因重大会议、重大活动等经常周期性地在受众面前出现，一些新闻素材因报道频率较高，而成为老生常谈的问题，难以引起受众的兴趣。这就要求新闻工作者能够结合当下的情况，一方面寻找"创新点"，另一方面加强新闻报道的广度与深度，以赢得受众欢迎。2012年"两会"期间，国内的各大广播电视媒体遵照中宣部、国家广播电影电视总局统一部署，坚持正确舆论导向，体现"走基层、转作风、改文风精神"，对"两会"的报道内容进行了创新。例如中央电视台在《新闻联播》中推出《泉灵三问》《在基层·两会推动力》等专栏，将镜头更多地对准了基层代表委员和广大群众。尤其是《在基层·两会推动力》专栏，聚焦基层，聚焦民生，深入报道了代表委员走基层、访民生、问民愿的详细过程，采取会内会外相结合、代表与百姓相结合、政策与故事相结合的形式，以鲜活生动的方式将"两会"在国家生活中的作用和带给普通百姓生活的变化充分展示出来。这种报道虽取材于常规性重大事件，但既有创新，又有深度与广度，自然会受到广大受众的认可与欢迎。

（二）突发性事件

"突发性事件也称为突发公共事件，是指突然发生、造成或者可能造成重大人员伤亡、财产损失、生态环境破坏和严重社会危害，危及公共安全的紧急事件。"[①] 按照性质，突发性事件可分为自然性重大突发事件与社会性重大突发事件两类。前者指的是自然界中那些不以人类意志为转移而发生的重大事件，例如地震、洪水、雪灾、泥石流、火山爆发等；而后者则特指在社会生活中，因人类有意或无意的行为而引发的某些重大事件，例如火灾、车祸、矿难、建筑物倒塌、犯罪事件等。这些突发性事件具有突发性、重大性、破坏性，因而具备很高的新闻价值，受到了政府、民众和媒体的特别关注。2008年"5·12"汶川大地震发生后，以中央电视台、四川电视台、重庆电视台为首的多家电视媒体对抗震救灾工作进行了大规模、持续性的直播报道。根据中央电视台索福瑞媒介研究有限公司的统计，2008年5月12日至18日，全国各级电视台共计播出抗震救灾直播节目1397小时，共有10.15亿中国观众通过直播节目在第一时间了解到来自灾区的最新消息，创造了中国电视新闻节目直播和收视之最。值得注意的是，广播的迅捷性、可移动性、便利性等优势在汶川地震的报道中得到了充分的体现。广播媒体的迅速反应和协调组织，是抗震救灾报道得以顺利进行的基础。第一时间报道灾情信息，发布与人民群众切身利益息息相关的真实信息，满足受众的知情权，成为震后稳定民心的关键。广播电视媒体在汶川地震新闻报道中所起到的重要作用，反映出媒体与受众对突发性事件的共同重视。

（三）社会生活与民生热点

此类选题一般是指与人民利益和现实生活相贴近的问题，例如与老百姓日常生活息息相关的物价、房价、春运、养老、医疗、教育、食品安全等问题。由于围绕这些问题所产生的事件很容易被广大受众感知与察觉，能够有效地引起社会的普遍关注，所以这些选题也是广播电视新闻选题的重要关注对象。举例而言，专题类新闻节目《今日观察》在选题标准上，始终坚持政府重视、群众关心、普遍存在的标准。例如房价关系到人们的生活，《今日观察》在

---

① 肖瑶、熊忠辉：《2008年重大突发事件传播研究综述》，《现代视听》2009年第2期，第13页。

2010年设置了至少7期节目讨论房价问题。这类新闻选题的内容，皆属于社会生活的热点问题，老百姓密切关注，节目也由此获得较高的收视率。

以上是广播电视新闻常见的、主要的选题范围。在此必须指出的是，广播电视新闻的选题范围还要受到一些因素的制约。首先是受到媒介级别的制约。我国的新闻媒介按照级别划分，可分为中央级媒介、省级媒介、省会市级媒介、地区级媒介、县级媒介。处在不同级别的新闻媒介的新闻选题范围自然要受到地域限制。我们一般认为，中央级媒介的新闻选题多以国际国内重大新闻事件，或者具有全国意义的地方新闻为主；而地方媒介的新闻选题则主要以发生在当地的新闻事件为主，亦可兼顾国际国内重大新闻，但立足当地才是地方新闻媒介的生存之本。其次，选题范围要受到媒介属性的制约。不同的媒介有不同的属性定位。例如广播电台分为新闻台、经济台、教育台、交通台、文艺台等；电视台也有不同种类的系列台与系列频道的划分。更不用说广播、电视媒体内部还有许多规划得更为细致的节目或栏目。例如中央电视台《焦点访谈》的片头"时事追踪报道、新闻背景分析、社会热点透视、大众话题评说"，即精确地概括出新闻深度报道类节目的选题范围为最新国内国际时事、国计民生的焦点话题、追踪调查报道、思想观念生活方式引导等。因此，不同的栏目特点与栏目定位，影响着新闻选题的选择方向、选题范围。最后，新闻的选题范围要受到不同的媒介传播手段的制约。例如广播新闻适合选择内容单一、信息相对集中的事件进行报道，而电视新闻的优势在于呈现那些现场感比较强的新闻事件。在实际操作中，广播电视新闻的选题范围不可避免地受到这些因素的制约。

第二节　广播电视新闻的选题原则与方法

广播电视新闻的选题原则是创作优秀新闻选题的理论指导，广播电视新闻的选题方法是创作优秀新闻选题的具体实践。好的新闻选题必定符合一定的原则，其背后也隐藏着可被认识和掌握的规律；好的新闻选题也必定是按照一定的规律，用科学、合理的方法一步步确立的。

一、广播电视新闻的选题原则

（一）时代性

一切事物都必须与时俱进，不断创新与发展，才能永葆青春。广播电视新闻的选题，也必须与时代的主题相契合，凸显时代的特点，及时更新，以发展的眼光来确立选题的原则。首先，要注意时代性与时效性的结合。新闻的一个基本原则就是必须向受众传播最新发生的热点信息。从这层意义出发，时代性融合了时效性。其次，新闻选题的选择，也要以进步性和反映时代要求、时代特色为己任。我国当今广播电视新闻的发展趋势是越来越强调民众在新闻中的核心地位，由过去片面强调党政宣传，已转向关注政策导向与平民价值的交互呈现，社会新闻、民生问题成了新闻选题的首选，这不得不说是契合时代要求的呈现。最后，让社会群众多参与新闻观点的构成，以多角度反映新闻事件，表达对新闻事件的看法；让社会群体参与新闻节目的制作、提供新闻素材等，是广播电视新闻发展必须重视的路线。

（二）真实性

真实性是新闻的基本原则之一，是新闻具有传播价值的先决条件。失去了真实性，新闻就失去了存在的意义，甚至会形成谣言，产生负面影响或不良后果。然而，随着我国社会主义市场经济的确立和发展，以市场为目标逐渐成为新闻媒体的导向趋势。追逐更多社会影响力和由之带来的商业利益，成为越来越多的新闻媒体的一大目标。许多缺乏自律的媒体为追求一定的收听收视收益，不惜制造"爆点"以刺激受众的收听收视欲望，甚至利用伪造的证据炮制和编造假新闻。这样做就背离了新闻报道事件的真实性原则，其会导致广播电视新闻的可信度大为降低。所以，好的新闻选题必定建立在尊重事实的基础上。广播电视新闻工作者切不可盲目追求名利，务必要强化广播电视新闻选题的真实性。

（三）知识性

在广播电视新闻发展的进程中，新闻信息量的承载不再仅以新闻性为主要考量对象，新闻信息中所含有的专业或生活知识逐渐成为衡量其"含金量"的标志之一，即新闻在传递新鲜信息的同时，能给受众以更丰富的知识输出，将成为新闻工作者所要完成任务的一部分。广播电视新闻传授知识的功能与传播新闻的功能，都是新时代广播电视新闻媒体的主要功能的重要组成部分。在知识经济的时代，广播电视新闻的知识含量作为新闻功能的一种延伸和拓展，具有更丰富的意义和更大的传播价值。例如，电视新闻在报道某地新农村建设成果时，提及该村通过发展农业科技实现增产。报道者并没有生硬地罗列各项经济增长百分比数字，而是简要呈现了该村的农业科技成果通过何种方式助其经济增长，以及该成果区别于前人的原理。这就使得整篇报道既具有信服力，又充满了知识趣味性。所以，广播电视新闻选题应该着眼于宣传科学技术是第一生产力，宣传科学知识在经济发展和社会进步中的巨大作用，使广播电视新闻成为受众所乐意接受的"百科全书"。

（四）文化性

广播电视新闻的传播受众范围广泛，可以说是社会性的，其输出的信息也承载了一定的社会意义，在影响大众文化构成方面意义重大。社会主义现代化建设时期，新媒体对于社会主义新文化的塑造有一定导向性的作用。荣格的原型理论认为，集体无意识的形成是一个历史性的过程，深深根植于民族心理精神品格当中，是一个民族的文化基因。广播电视新闻渗透大众日常生活，对社会集体无意识的影响是巨大的，因此，广播电视新闻在传播过程中是否输出先进的文化、是否有优良的道德指向显得尤为重要，这就从新闻选题上对新闻工作者提出了极为严格的要求。优秀的广播电视新闻选题，必须强化文化含量与文化品位。例如，在展现古琴传承问题的新闻报道中，简要介绍古琴的知识，利用视听元素向观众呈现一段精美的古琴表演，激发了观众对古琴传承这个新闻信息的极大兴趣。同时，该报道格调高雅，充满了文化的向导力。

（五）地域性

当今广播电视新闻媒体发展迅速，各地都有了自己的广播电视新闻机构。因此，地域性也越来越成为广播电视新闻传播特色的一部分。甚至，从电视文化的发展趋势来看，新闻的地域特色已成为一大亮点与看点。"电视新闻制播注重地域文化的展示，也是城市新闻发展的策略。由于各城市特殊的地理环境、经济状况、民俗风情、审美情趣等差异，形成了各自独特的人文景观和文化品格。电视新闻在报道新闻事实的同时必然会表现其地域文化特色。"[①] 所以，广播电视新闻选题应突出地域性特点，尤其是各地方电视台，更应注意创办以地方特色为支撑的电视新闻栏目。例如安徽电视台创办的《第一时间》栏目，就充分突出了安徽省的地域性特点。

二、广播电视新闻的选题方法

新闻选题直接决定着新闻的定位，在新闻界有"新闻发现比新闻写作更重要"的说法。因此，一个好的新闻选题能够反映出一位新闻工作者的实际工作能力。在实际操作中，确定新闻选题一般要经历发现新闻线索、论证选题、

---

① 吴煜：《城市电视新闻的发展特色》，《中国广播电视学刊》2000年第6期，第20页。

新闻选题活动策划等几个过程，它们直接考验着新闻工作者的专业能力。

（一）发现新闻线索

发现新闻线索是产生新闻选题的前提。《广播电视辞典》关于新闻线索的定义是："新闻线索是已经发生或将要发生的新闻事实的初步讯息或信号。"[①] 可见，多数的新闻线索可能比较简略，没有具体情节和详细过程，有时可能就是一个数字、一句偶然的话、一些零星的概况或现象，可能是确有其事，也可能只是一个谣传，或者是真假混杂。但就是这些新闻线索可以为从业者的新闻选题提供大体上的方向、范围和内容。

在实际操作中，新闻线索与新闻选题的来源密不可分。例如记者可以通过对某个重要的政府文件的解读获得新闻线索；亦可通过某次地方上的政事会议获得新闻线索。有关机关和部门、基层单位、通讯员等可以为记者提供新闻线索；受众的短信、电话、信件、邮件等也可以是记者获得新闻线索的重要来源。有些新闻线索的内容会比较详细，在其真实性得到确认的情况下，记者只需做好相应的准备工作即可进入采访、报道阶段。但大多数的新闻线索有可能只会给出一个模糊的"轮廓"或"影子"，记者要在大量调研的基础上才能将之丰富，形成明确的选题。例如大多数的记者都有参与某次会议报道的经验，也都特别注意从一大堆会议材料、发言稿中发现新闻线索。但写材料者、发言者的出发点和新闻记者的出发点是不一致的，有些对于记者而言是非常重要的新闻线索，却可能被撰写者作为无关紧要的内容一笔带过。对于此类新闻线索，记者必须进行必要的补充才能明确选题。例如某会议材料中提及"要积极推广某区在卫生保健工作上的经验"，但并未提及某区经验的主要内容和值得推广的原因。记者抓住这一新闻线索，就需要深入调研，补充某些内容，才能形成明确的选题，即"因某原因，某区关于卫生保健的工作经验将面向全市推广"，报道中要有明确的案例。

[①] 赵玉明、王福顺：《广播电视辞典》，中国传媒大学出版社1999年版，第65页。

（二）论证选题

事实上，并不是所有的新闻线索都能成为新闻选题，它需要相关的工作人员根据媒体栏目的定位和新闻选择的标准对其进行分析和判断，筛选出合适的题材和报道角度。也就是说，在确定选题的目标后，需要对各方面信息进行分析、讨论论证，以确定其是否能作为采访报道的对象。

1. 是否有新闻价值

拿到一个新闻选题，首先要看它是否具有新闻价值。"发掘新闻价值，意味着仅仅发现线索是不够的，从线索到新闻的产生需要电视新闻记者不断发挥主观能动性，发现和发掘线索中的新闻价值。"[①] 一般来说，分析新闻选题的新闻价值可以从新闻价值的构成要素考虑。新闻价值的构成要素分为不变要素和可变要素。不变要素是新闻能否产生和存在的决定性条件，主要包括真实性和时效性。真实性是新闻存在的基本条件，离开了真实性，新闻也就不存在了；离开了时效性，新闻也就不成为"新闻"而是"旧闻"了。可变要素是一个新闻能否产生社会影响的重要条件，包括重要性、接近性、显著性、独家性、趣味性等。重要性是指新闻内容的重要程度，越是重要越是影响深远的新闻，其新闻价值就越大；接近性是指新闻内容与受众的接近程度，一般新闻事件应是发生在受众周边或是与其密切相关的，这样才能容易引起受众感情共鸣；显著性是指新闻事件中的人、物、地点及事件的知名度，一般知名度越高越容易引起受众注意；独家性并非专指独家报道，而是指在基于事实判断的基础上，媒体能够对新闻事件做独家的分析、评价，引发受众的兴趣；而趣味性则是指受众对新闻内容感兴趣的程度，一般越有趣的事情越容易引人关注。总的来说，一个新闻线索包含上述因素越多，其新闻价值就越大，越值得报道。

2. 是否符合法律规范与伦理道德

新闻报道是在一定的社会环境中进行的，必然受到一定的社会性约束。

---

① 方东明：《电视新闻》，甘肃人民出版社 2005 年版，第 55 页。

由于新闻具有舆论导向作用，各个国家都会在各自的伦理道德规范、文化传统和政治制度之下出台各种政策、法规对新闻媒体和新闻报道进行管理。因此，新闻选题决策一定要符合本国或本地区法律、法规、道德伦理的要求。在实际工作中，新闻工作要考虑到两种情况：其一，要考虑到与选题内容相关的政策、法规，例如确定文教新闻选题要考虑有关文化教育类的政策与法规要求；其二，还要考虑新闻本行业的政策、法规，例如新闻从业者职业道德规范、保密规定、政府对新闻宣传工作的政策要求等。如果新闻报道有违反这些规定的可能，那么再好的新闻选题也只能放弃。

3. 是否符合新闻栏目定位

每个新闻栏目都有自己的受众范围。受众对选题是否关注、对报道内容是否感兴趣、对报道效果如何评价，都是新闻工作者预先需要考虑的因素。一般说来，每个媒体每个新闻栏目在确定新闻选题时，都需要确保选题与自己的栏目定位相吻合，符合栏目受众的要求，才有可能保证报道播出后引起一定的反响。例如经济新闻，其受众一般为有财经方面需求的普通大众，群体比较固定。该栏目的记者编辑在选择新闻选题时，就一定要遵从这点，不能在经济新闻栏目里播放交通新闻、娱乐新闻等不相关的内容，如此才能保证栏目风格的统一，满足固定受众的观看需求。

4. 是否具有可操作性

在广播电视新闻中，可操作性是新闻选题能否变成"新闻"最重要的条件。一般来说，要考虑两个因素：第一，该新闻选题是否可以用媒体手段表达出来，这主要出于新闻要素是否可以得到的考虑。例如，采访的主体是否愿意接受采访。再如，大部分的突发性新闻在发生时，电视记者并不在现场，少数巧合除外。对于此类报道，报纸、广播等都可以文字或语言符号进行表述，但是电视新闻却要现场画面来进行再现。有的电视栏目就因为无法得到现场画面，只能人为地制造现场报道的效果，结果就出现了"表演性"报道，违背了新闻真实性原则；第二，所在媒体对于该新闻选题是否有能力报道。

一般来说，不同的媒体由于地域性、级别、社会影响力的不同，以及资金投入、技术设备、参与者的人数、报道经验、社会关系等要求的限制，对于一些力所不能及的新闻选题，即使其有新闻价值，也只能放弃。

（三）新闻选题策划

新闻选题策划，是指为了获得最佳的报道效果，新闻工作者在报道前所进行的计划安排、资源配置等一系列工作。"新闻策划的核心是指媒体对已经占有的新闻线索、资源进行角度新、立意好、选材精、挖掘深的设计，通过激发创意制订出可行的报道计划，使新闻报道达到一定的规模，增强新闻吸引力与感染力，扩大媒体的社会影响。"[①]由于新闻选题策划实际上会反映出新闻工作者对新闻事实的理解、评判，这就要求策划者有很高的新闻敏感度和专业的新闻价值评判标准，在对新闻报道的内容进行深挖的基础上，以新颖、准确的方式向受众客观地展现新闻事实的真相。事实上，对于很多新闻栏目来说，新闻选题策划的过程并不是某个编辑或记者的个人行为，而是新闻栏目组全体　编人员共同参与的产物。有时为了集思广益获取最佳的报道效果，一些栏目的选题策划者经常邀请其他部门或单位的相关人员。所以，新闻选题策划工作，实际上需要新闻工作者具有超强的团队合作精神与集体主义精神。一般而言，新闻选题策划主要分为以下几个步骤。

1. 确定新闻报道的角度

任何一个新闻题材，可以报道的角度有很多，因此，新闻工作者必须从栏目的定位出发才能决定从哪个角度报道，才能最大限度地挖掘新闻选题的内在选价值。

2. 确定报道方式

确定报道角度以后，还要确定新闻选题的报道方式，即是单条报道还是系列报道，是组合报道还是集中报道。哪一种最能表现出该新闻的价值，需

---

① 邓利平：《新闻编辑学新编》，北京大学出版社 2010 年版，第 37 页。

要节目组进行仔细地分析。

3. 确定采访对象

选择人还是物进行报道，采访核心的人员是谁，是否需要选择相关人员或专家进行采访，都是该阶段需要确定的重要内容。

4. 确定采访步骤

有的新闻题材，需要访分布在不同地域的人，确定合理的采访顺序就显得至关重要。此外，表扬性报道和批评性报道，访的步骤尤其要注意合理安排，以防出现先入为主、无法了解到事实真相的结果。

5. 准备相关的新闻背景和资料

这是决定新闻报道是否成功的重要一环，有时候也是容易被忽视的一环。从这些资料中，新闻工作者可以寻找报道角度、熟悉报道的人和事，从而有可能做好预案安排。

6. 做好预案工作安排

很多采访工作会遇到一些意外情况，因此在采访之前一定要尽量把困难考虑到位，安排好合理的预案。例如批评性报道遇到对象拒绝访时如何处理；真相与事先预测情况差距很大或者完全相反，应如何处理；进行突发事件采访时，记者的人身安全如何保证等。

在具体的选题策划实践过程中，新闻工作者并非必须严格按照以上流程进行策划工作，要具体情况具体分析，根据实际需要适当调整。例如部分流程同时进行或者前后步骤调换等，但需注意每个步骤都不能省略。在这些选题策划工作完成后，新闻工作者即可进入采访阶段，并最终完成新闻报道。

第五章　广播电视新闻的采访、写作与编辑

第一节　广播电视新闻采访

新闻采访是新闻记者为获得新闻事实材料，对客体进行的访问、观察、思索和记录等的调查研究活动。[①] 新闻采访是新闻报道的起点，也是新闻工作的基础活动。而广播电视新闻采访是指记者运用一定的电子手段，认识客观事物、采集和挖掘新闻事实的特殊的调查研究活动，是广播电视新闻工作的基础和前提。新闻采访的一般规律同样适用于广播电视新闻采访。在采访前要进行资料准备、物质准备、技术准备、心理准备；人物专访、预约采访，在带机采访前还要和被采访者反复沟通；在采访中，要充分运用观察、记录、提问、交谈等方式进行信息采集等。

一、广播电视新闻采访的特殊性

由于广播电视的媒介特性，即主要是利用声音和图像进行信息传播的特性，比起传统纸质媒介的新闻采访活动，广播电视新闻采访活动有自己的特殊性。

（一）以带机采访为主、脱机采访为辅的采访方式

广播电视新闻的带机采访是指电子媒介记录与采访共生的采访形式。

---

① 汪言海：《新闻的背后》，安徽大学出版社2008年版，第218页。

带机采访所获得的信息可以通过声音和影像的方式直接进入新闻节目进行传播。与此相对，广播电视新闻的脱机采访指的是不带摄录设备，而仍然是通过传统的口头提问、观察、默记于心或借助某些书面文字记录工具来记笔记的采访形式。对于广播电视媒体来说，脱机采访是一种辅助性采访活动，是为了更好地进行带机采访而进行的准备性的采访活动，它所获得的信息要首先形成文字稿件，再以文字语言或有声语言的形式进行传播。

因此，广播电视新闻的带机采访不仅要考虑到新闻信息的采集，而且要考虑到新闻信息的传达。换句话说，广播电视新闻记者在实际采访时，要预先想好要问的问题、要采录的内容，以及问问题的方式、采录信息的方式等；要考虑被采访者语言的准确性和其语言表达的方式；要考虑新闻信息的完整度和节目时长的对立统一关系等。这就要求记者要考虑自己问问题的方式，因为记者本人的声音、形象可能有必要成为节目传达的一部分；要考虑录音的清晰度、摄像的技法问题；要考虑如何呈现被采访者的声音、形象等。

对于电视媒体的采访来说，还需要特别注意出镜采访的问题。出镜采访是指现在普遍由参与报道的记者直接出镜对事件进行解说，对新闻事实进行播报评述的采访方式。这种采访包含提问、访谈、交流、报道等具体形式。它的优势在于观众能够跟随出境记者"亲临"现场，大大加强了新闻报道的真实性；使现场的信息更加条理化、秩序化；能够搜集摄像机不能直接记录的信息，使采访更加深入等。

（二）最大限度展现真实的现场

在广播电视新闻中，带机采访可以将其所摄录到的声音和影像大量地直接用在节目中，而辅以少量的报道词进行连缀和必要的说明，就能构成一个完整的新闻作品，后期的再创作只能决定对素材的选择与使用，而很难对素材本身进行任何改动。

与此同时，采访过程直接进入报道，它改变了以往回溯式、结论式的报道方式，使报道在时间定位上产生了位移，采访与报道可以同步展开，报道方式呈现出探索性、未知性、过程性的特点，能够更多地激起听众、观众的对获得新闻的渴望和知情心理，令听众和观众欲罢不能。这样，也就能最大限度地将现场的情况展现给听众和观众，在其心理上形成最大程度的真实感，让他们感到所有节目内容都是没有经过中介的原生形态。

（三）新闻报道形式与采访方式密切相关

广播电视带机采访的素材以固有形式直接进入新闻报道，使得新闻报道形式与新闻素材的获取方式密不可分，这样前期采访和后期制作再不是彼此脱节的两个环节。带机采访的文字记者同时是单个新闻、整个新闻节目的编导，由文字记者来指导摄像记者、录音师在现场进行摄录。如果在现场采录到非常鲜活、丰富、典型的音像素材，电视新闻就可以采用影像新闻的方式，广播新闻就能采用录音报道的方式。如果摄像记者、文字记者及录音人员配合很好，文字记者还能够在现场做采访报道，从而制作出广播电视现场报道。而如果带机采访出问题，由于物质准备不足、工作作风不够扎实、摄录技能不强、摄录设备出故障，没录到想要的音像素材，那就只好用口播、字幕的方式来播发新闻了。

对于不同类型的广播电视新闻节目来说，其带机采访中对于音像素材的摄录要求也是不同的。比如，电视消息时间短，而如果拍的镜头比较单一，只是单个完整的长镜头，那么就难以与报道词相互配合，剪辑的时候就难以操作。电视专访，如果只拍了采访现场访问者和被访者的对话，那么节目呈现出来会非常的枯燥。对于深度报道类电视新闻节目，如果没有长镜头，没有过程性的记录镜头，则会由于素材零碎、片段化，使报道的真实感和生动性大打折扣。

带机采访已经构成了新闻作品制作的有机组成部分，其成败对整个作品具有不可替代的重要影响。对于突发事件报道来说，如果记者在带机采访中出现了问题，音像记录失败，更是没法补救的。这种采访与传播的统一，使得记者在采访过程中必须时刻关注传播效果和传播方式，要求记者能够具有编辑意识，在采集素材的时候不仅要考虑到素材的内容，也要考虑素材的呈现方式，并采取相应的摄录方式，这就与传统意义上采访侧重于对新闻信息内容的挖掘形成了鲜明的对照，而且也对记者的素质提出了非常高的要求。

（四）对记者的角色进行了重新定位

传统的记者角色是新闻的采集者、调查者和传播者，而广播电视新闻中的记者出现了新的角色定位，比如在广播现场报道和电视现场报道中，记者还应是受众认知新闻、观察新闻事件的现场引导者，是新闻事件和活动的参与者、体验者。在现场报道中，记者不仅会将他已经掌握的信息说给听众和观众听，还会带领受众去观察、发现、探索新的事实，通过对现场当事人及有关人士的提问，来解答受众的疑惑，这都使广播电视现场报道类新闻体裁有了突出的现场性、过程性、未知性、探索性的特点，从而改变了广播电视新闻的总结式、转述体的语态，使其在受众心中的真实性、客观性、体验感非常浓烈，也体现了对受众认知能力的尊重。

当然，这种新的角色定位对记者的素质提出了更高的要求。记者要有非常强的掌控现场各种情况的能力，他要能够及时地把握和应对现场情况，这种把握既要能对现场事实本身进行语言学层面的把握，然后用口头语言加以描述，又要能在政治性、思想性上准确客观，还应能对新闻事件的发展做出预测，对受众的接受心理与需求做出判断和把握，并在这一把握的基础上开展信息的编码和传播，从而尽可能实现较好的传播效果。此时，记者的口头语言表达能力、严谨而敏捷的思维品质非常重要，而其报道新闻时的言行举止和服饰也会对信息的传播效果产生影响。也就是说，记者本身也成了广播电视新闻传播的一个符号，他的声音、形体、服饰、表情等构成符号元素系统的重要部分。记者本身既是传播的手段也是传播的内容，他决定了新闻传播的成败。

（五）对摄录器材具有很强的依赖性

比起传统纸质媒体，广播电视媒体的采访对摄录器材的依赖性特别强。传统纸质媒体的新闻主要使用文字、照片进行报道，其记者在采访中主要是通过提问、观察、文字记录来进行信息采集，记者在采访中可以携带照相机进行照片拍摄，也可以不携带，让被采访者提供照片的情况经常存在。但是，广播电视媒体的记者在采访中，除非是准备性的脱机采访，否则必须携带摄录器材进行录音和摄像，而且摄录技术的高低对新闻作品质量有着重要的影响。

比起广播媒体，电视媒体对摄录器材的依赖性更强。广播媒体的采访只需要携带广播级录音机或其他替代性的录音设备，设备携带方便，录音技巧容易掌握；而电视媒体的摄录器材则不仅器材多而且昂贵，摄录技术也更加复杂，记者要熟练地进行摄像并录音，掌握起来需要较长的时间，一旦设备出故障，也更难以迅速排除。这就在一定程度上限制了电视的机动性和时效性。

（六）电视采访常采用合作采访方式

传统纸质媒体在采访中往往只需要一个记者，广播媒体记者在采访中将录音机调试好后也可以自由地提问和记录，它们这两种媒体通常只需要派出一位记者就能有效地完成信息的采集。但是电视采访却通常需要两位记者分工合作，一位是采访记者兼文字记者和编导，一位是摄像记者。更多的时候，为了电视新闻报道形式的丰富有力，甚至还要有专门的出镜记者、灯光师、音响师等，在复杂的电视新闻专题、新闻纪录片、电视新闻现场直播中，可能还要有更多的专业人员加入。这些工作人员必须通力协作，才能够共同完成新闻报道任务。

二、广播电视新闻的拍摄原则与方法

广播电视媒体的采访形式主要是带机采访，最能体现广播媒介特性的广播新闻形式是带音响的报道，最能体现电视特性的电视新闻形式是带有现场画面和同期声的报道。也就是说，广播电视新闻不仅通过记者提问、访谈等收集信息，还应把被采访者相互之间的交谈、记者所看到的有价值的景物和现象摄录下来。这就需要遵循真实性原则、时效性原则。

（一）广播电视新闻的拍摄原则

真实性原则，这里是指广播电视新闻的摄录必须是对真实时间、真实空间发生的真人真事、真实场景进行客观的记录，而不允许在对被拍摄对象进行干涉之后再拍摄，不允许将现成的稿件交给被采访者背诵出来或读出来，再由摄录设备摄录下来，不允许将真实和表演两种因素嫁接在一起再摄录下来，即不导演、不摆布、不嫁接。

时效性原则，这里是指对于广播电视新闻素材的采录来说，在有价值的影像和声音出现时，是否能够将其迅速地记录下来是第一位的。采访人员不能因为考虑技法，考虑怎么样拍能更好，而让本应该摄录下来的影像和声音随着时间溜走，即任何表现要素的考虑都不能以牺牲记录新闻信息的时机为代价。与没有采录到关键的镜头和声音相比，一切形式要素的不完美都是可以原谅的。有时镜头的晃动、光线的昏暗、录音效果的混乱等，或许正是现场态势的最好体现。

（二）广播电视新闻的拍摄方法

依据真实性与时效性原则，广播电视新闻主要采取"抓拍"的拍摄方法。抓拍就是在采访的基础上，根据事实和传播意图的需要，灵活采用挑、等、抢的方法，从新闻现场摄录最真实自然的人物形象、动作、表情、状态等，达到再现新闻事实的目的。抓拍也被称作写实抓拍，可见真实自然是其最显著的特征。抓拍注重被拍对象的自然发展状态，反对人为干扰和制造抓拍形象。

这里所说的挑、等、抢是新闻界实用的三种抓拍技巧。挑是指新闻采录人员在新闻现场通过采访调查、观察、思考、判断和预测，对传播意图和现场实际状况加以整合后作出的操作性决定。等是在摄录的最佳时机尚未到来之前在新闻现场的准备过程。抢是要求新闻采录人员不失时机地、恰到好处地对被采访者的形象和声音进行有效摄录。

当然，这三者并非是相互独立、互不相关的，而是三位一体的，是一种拍摄方法的三个层面。正如黄匡宇教授所说："挑"在拍摄过程中，兼有"等"和"抢"的内容。"挑"，就必须等待时机的出现，等到稍纵即逝的时机出现时，又必须"抢"才能实现"挑"的目的。①

在挑、等、抢之外，还有"偷拍"。偷拍，是抓拍的一种特殊形式。它是应用于隐性采访的拍摄手段，即是在拍摄对象完全不知道被摄录的情况下记录其言行。当然，隐性采访的运用本身就有争议，偷拍也应该谨慎运用。

抓拍之外，还有"组织拍摄"的拍摄方法。组织拍摄，是以获取观念为目的的非现场报道的人物采访。这种拍摄方法一般适用于人物专访，但并非纪录片形式，而是经过受访者同意、以新闻媒体的目的为标准进行的特殊拍摄，最终多为传达一定的精神或观念。

在电视新闻的摄录中，一定要注意同期声的采录。无论在什么情形下，也不管在后期编辑中是否用得上同期声，都应将话筒开关打开，在录制人物语言同期声时，如果可能，最好带上监听耳机。录音师、出镜记者要与摄像师密切配合，协调统一，通过调整与声源的距离和角度，以及选择不同特性的话筒，根据传播意图的需要，取得真实而与影像一致或分立互补的音响（声音）。

当然，话筒采录声音与人们日常听声音是有所区别的。人在听声音时，是受注意力控制的，因而听得最清楚的声音，并不一定是最响亮或频率最高的音响。而话筒要更客观，各种声源的声音，只要进入范围，就照单全收。因此这也对采录人员提出了要求：首先，记者和录音师要培养敏锐的听觉能力，善于辨别声源，找准主要音响（声音），快速把握音响环境，选择最佳录音距离、角度，有针对性地采录现场声音，避开噪音，使典型音响得以凸显；

---

① 黄匡宇：《理论电视新闻学》，中山大学出版社1996年版，第229页。

其次，注意随时监看录音机上的指示表，据此调节话筒距离或录音调控旋钮，确保录音质量；再次，录完音以后，最好马上回放，检查录音效果，若出现问题，可以及时补录；最后，声源特点和声音环境的不同，对采录效果影响很大。因而采录的声音并不一定与人们听到的声音效果一致，要不断摸索、调整，积累经验。

第二节 广播电视新闻写作

广播新闻是"为听而写"，而电视新闻既要"为听而写"，又要"为看而写"，这里面还含有报道词与电视画面相配合的关系。因此，广播新闻的一些写作技巧适用于电视新闻，而电视新闻的一些要求则不一定适合广播新闻。

一、广播新闻的导语写作

传统纸质媒介新闻的导语之前，一般有主标题、副标题、引题，统称为标题。标题是读者的向导，是新闻内容的集中与概括，它用精炼的文字提示新闻中最主要或者最值得注意的内容。在它的帮助下，读者读了标题再读导语，不会感到茫然。在导语部分，没有必要再重复上述内容，可以再抽象点，也可以再具体点。

传统纸质媒介新闻的这种写导语的方法，用到广播新闻的导语写作中是不行的。广播新闻没有标题，即使有提要，也是在新闻节目的开头播出，离新闻有一定的距离，听众不便一一对号。因此，像传统纸质媒介新闻那样，把导语写得过于抽象或者过于具体，是不妥当的，具体可参照以下几点要求。

第一，广播新闻的导语，应该像报纸新闻一样着眼于用最精炼的文字，概述新闻的最主要的内容。它既不能写得过于抽象，远离主要新闻事实，又不能着眼于对最主要事实的详细叙述。即使是描写式新闻导语，也要通过对现场的描述，引出主要的新闻事实。

第二，广播新闻的导语，尽可能只突出一个最重要的新闻事实，而把其他新闻事实移到主体再作交代，力求把导语写成一句话，也就是写成"一句话导语"。因为，广播新闻时效性要求更高，更需要在尽可能短的时间内向听众提供尽量多的信息。

第三，广播新闻的导语，最好用单句，即采用主语、谓语加宾语的句式，少用或不用复合句。我们知道，单句的构造简单，只有主语、谓语和宾语，播音方便，听起来不费力。复合句构造比较复杂，句子一般都比较长，播音员播起来吃力，听众听起来也感到吃力。因此，除特殊情况，广播新闻的导语不要采用复合句，在导语上尽量少用过长的定语、状语和补语。

二、电视新闻标题和新闻导语的写作

传统纸质媒体，例如报纸新闻总是极其重视标题。一个好的标题往往能让新闻内容大放异彩。甚至有时候，标题的效果远远超过了新闻内容，标题不仅易记、易理解，更让人省出了大量的时间。而对于广播新闻来说，标题就显得不那么重要了，因为广播新闻通常是不播出标题的，观众不需要的内容就可以适当省略。但电视新闻不同，它是音画一体的形式，观众不仅可以听和看到新闻内容，也能看到新闻标题。因此，电视新闻的标题应该受到足够的重视，创作出像报纸新闻那样让人过目不忘、言简意赅、脍炙人口的标题。近年来随着新闻节目改革的加快，人们对电视新闻标题日渐重视，而且电视新闻的标题以字幕的形式出现在电视屏幕上，参与画面构图，在屏幕上停留数秒，引起了重视。

（一）电视新闻的标题创作

电视新闻标题的创作原则可以用 8 个字概括：简练和谐，恰当易记。

电视新闻的标题一般以蓝色透明底或者灰色透明底加白色字幕，上下分两行，上行是标题，下行是记者的名字。有时标题也会有两行甚至更多，从屏幕的左下角划像出入或者淡出淡入，字号不宜太大，在画面的位置不能太突出，占据画面的面积不能太大，停留时间以五六秒为多。由于这种形式的限制，电视新闻的标题必须简练和谐，恰当易记，否则标题出现的效果就不理想。

（二）电视新闻的导语写作

1. 独立的新闻导语

独立的新闻导语比较传统化，写作上与报纸新闻导语没有多大区别，但近年来越来越多的电视新闻的导语在写作时就已考虑到播报的需要，更注重口语化、生活化和与观众的交流感。常见的形式有下列几种：概括式，即将新闻的主要内容在导语中体现出来，观众听了导语，就已经知道了新闻的主要内容，有点像消息写作的倒金字塔写法。摘要式，把新闻事实中最重要的内容抽出来做导语，其他的内容在新闻中做进一步交代。直述式，面对观众将所要传递的新闻事实或观点直接叙述出来。背景说明式，其有两个种类，一种是从消息的背景说起，在导语中直接点明消息的来源；另一种是用于反映新闻，在导语中点明反映主体，以引出当前的新闻。引语式，直接引用资料或者某个新闻人物的重要讲话作导语。描述式，从描述一个场景、一个人或者一个物开始，以吸引观众在电视画面上看到更多内容。悬念式，即在新闻的开始或者开始之前给观众一个悬念，以引起观众注意新闻中的重要内容。问答式，即在新闻的开始设计一个完整的问题，在新闻的内容中交代答案的由来。比喻假设式，运用《诗经》中的比兴手法，从一个常见的事例、语句或者假设引出新闻的主要内容。

2. 串联用的新闻导语

随着电视新闻节目和新闻报道形式的改进，新闻节目主持人的作用越来越大。新闻节目被看成一个整体，单篇的电视新闻对于节目主持人来说，只是组成一档节目的材料之一。新闻的内容固然重要，节目主持人的串联也十分重要，串联词代替传统的新闻导语形式，成了引导新闻的"导播"。特别是在新闻直播中，超越单篇新闻的内容之上的导播在写作方式上十分灵活。为了使节目的整体效果达到和谐统一，为了使节目主持人的串联词更加吸引观众，串联词往往别出心裁，花样繁多。除了传统的新闻导语写作方法仍然在继续采用以外，还出现了许多新的方式：

例如：时间开头法，即用时间作话题的开头，是一个传统而又简单省事的方法；上下联系法，从上篇消息的内容说开去，引出下篇新闻的内容；旁征博引法，即对同一个类型的事例进行综合对比，利用人们对已知新闻事件的印象增大本类新闻事件的影响，并引出新近发生的同一类型的新闻事件；老生常谈法，即从大家早已熟知的事情说起，逐渐说开，引起观众的共鸣，然后切入正题，引导出具体的新闻事实；观点先行法，即表明自己的观点，从自己的观点说开，引出相应的新闻事实内容。

三、电视新闻报道词的写作

电视新闻文字稿，或称电视新闻报道词或解说词，作为独立的新闻稿，与报纸消息、广播消息写作基本要求相似。在结构形式上，复杂的电视新闻报道词分导语、背景、主体、结尾四部分；简单的电视新闻报道词只有导语与主体，有的甚至导语与主体合成一段，而没有结尾段落。

（一）电视新闻报道词开头的写作

电视新闻的开头部分并不全都是导语。但无论是怎样的开头，它都必须做到先声夺人，在开头的几秒内就能把观众吸引住。这是因为电视新闻一般长度都非常有限，特别是一些动态性新闻，大都只有1分钟左右。

1. 导语式开头

在开头部分突出最重要、最精彩的新闻事实，交待主要的新闻要素。电视新闻较之报纸新闻等更为注重时效，所以一般在开头就将时间强调出来。而一些非事件新闻则较多采用概括性导语。

事件性新闻的开头画面通常是与导语相配合的内容,例如新闻事件发生的地点、环境、状况,一般应把最有特色和最吸引人的画面突出出来。如果是人物新闻,则应在开头将最能表明其身份特点和事迹的画面突出出来。

概括式导语是一种常用形式,它以简约的语言提纲挈领地概括新闻要点,为观众提供消息的梗概,具有提示重点、点明事实的作用。

事件性新闻较多采用的是陈述式导语,它用简明朴实的语言叙述最重要的报道内容。此外还有描写式、提问式等导语形式。

2. 独白式开头

以记者、主持人或播音员的独白开头,用独白向观众介绍最主要的新闻事实或要采访的新闻人物。例如《外国留学生站柜台》中,主持人的报道词为:"各位观众:圣诞节前夕,南京大学留学生部和中外合资南京苏桑有限公司联合举办了一次新颖的假期社会实践活动。十多位外国留学生身披苏桑公司的绶带在南京几家大商场站柜台,推销这家公司在国内市场首次推出的新产品。"这是典型的独白式开头,主持人用独白向观众介绍了主要的新闻事实。

3. 画面式开头

开头部分只用画面和同期声。一些画面很有吸引力,现场感比较强的新闻常采用这种方式开头。例如一条报道卫星发射的新闻,开头是火箭升空的画面和同期声,在这之后才出现播音员的画外音播报语言。

对于电视新闻报道词来说,导语一般也是指开头第一段,通常是由最新鲜、重要、吸引人的事实构成。它或概括全篇,或提纲挈领,或揭示要点,起着开门见山、引人入胜的作用。报道词的导语还应与电视新闻的第一个画面(有时还带同期声)组合,才能成为统一的电视新闻导语。要写好报道词导语,应注意以下几点。

第一,讲究新闻根据。新闻根据是新闻发布的依据或由头。其作用是交待事实的来源、出处,增强新闻的可信性、权威性;点明事件发生的时间,提高新闻的时效性与时新性。有些事实,内容虽然极为重要,但若持之无据,便容易使读者对其真实性产生怀疑；也有些事实，虽然有较大的现实意义，但因时过境迁，已失去新鲜感。在上述情况下，要使新闻能为读者所接受，便需追根溯源，推陈出新，寻找新闻根据。可以说，新闻根据的有无及恰当与否，直接决定着事实能否成为新闻及新闻价值的大小。导语之后，再自然地报道采访问答的实况。

第二，要简明扼要。新闻导语的句式要短小精悍，表意要简洁，避免繁琐冗长。中央电视台新闻部曾通知各地方台向中央台传送新闻时，要求每条新闻要有50字左右的导语。因为导语越简洁，表意越明了，传播效果越好，观众也越容易记忆。

第三，要突出新近点。所谓新近点，指的是新闻的时效性强，当地发生的新闻，以及新闻内容与群众利益切实相关。只有做到这三点，才能在心理上更接近受众，才能取得更好的传播效果。

第四，可以突出变化点、趣味点。当今时代是一个求新、求变的时代，电视新闻导语可突出事物的变化点、趣味点，吸引受众的注意力，激起他们的观看兴趣，自然容易取得较佳的传播效果。

（二）电视新闻报道词背景的写作

新闻背景，就是与新闻人物、新闻事件有机联系的条件和环境。从新闻人物看，总有它的经历和社会关系；从新闻事件看，总有它的历史条件、自然环境、前因后果与来龙去脉。[1] 有的新闻事实本身简洁明了，就不必再加背景材料；而有的新闻事实较为复杂，就一定要有相关新闻背景材料来厘清人物或事件关系。

电视新闻背景，如有电视资料可以用来表述，字幕上打上"资料"两字即可，插入电视新闻主体之中，同样起着说明、注释与烘托、铺垫乃至深化新闻主题的作用；如没有电视资料可说明，就只能依靠报道词中的新闻背景来补充。

---

[1] 徐汉华：《写作技法词典》，陕西人民教育出版社1987年版，第26页。

1. 电视新闻报道词背景的类别

社会背景，即交代说明新闻事实发生、发展的社会环境，阐明新闻事实的社会原因和社会意义，并进一步揭示新闻的主题。事物背景，即介绍与主要新闻事实相关的背景知识，一般用于报道新事物、新成就，以帮助人们理解新闻事实，以及它对于社会、政治、经济、文化发展的作用。历史背景，即介绍人物的主要经历和新闻事件的发展历程及由来。地理背景，它强调新闻事实发生的地理位置及其空间环境，包括自然条件、物产、交通、居民点等，以帮助观众理解新闻的丰富内容及其意义。

2. 电视新闻报道词背景的写作要点

电视新闻报道词背景也是新闻主体的一部分，因此必须与电视新闻主题紧密联系或者体现新闻的主要立场和观点。要注意的是，在使用背景材料和新闻事实时，要处理好二者的关系，包括内容比重与侧重点问题，尽量简洁概括、清晰明了，不可反复拖沓、杂乱无章。

报道词背景材料，是电视新闻的一个有机组成部分，应注意与图像、同期声、字幕等的密切配合，同时需要灵活穿插。报道词背景材料的穿插，在电视新闻中没有固定的位置，大多在导语以后的展开段落中，也有在导语与结尾中的。报道词背景，可以独立成段，也可以根据内容与需要，分别穿插在行文中。

（三）电视新闻报道词主体的写作

电视新闻报道词作为一篇独立的消息，其主体是导语的展开段落，应当精心选择事实材料，并讲究结构严谨。

一方面精选典型事实。大量采用新闻事件当事人、新闻事实知情者等人士的陈述、各种现场画面及其同期声，这是电视新闻报道词"用事实说话""用事实说理"的关键。

另一方面讲究结构严谨。报道词主体的结构应讲究逻辑联系，或是因果关系，或是点面关系，或是对比关系，或是现象与本质关系，或是并列关系，或是层层递进关系等。

（四）电视新闻报道词结尾的写作

这里的结尾，指的是电视新闻报道词的最后一段或最后一句。不可否认，在新闻写作结构的各部分中，导语写作的重要性居于首位，正是导语的出现与不断改进，促使了新闻写作的变革与创新、发展。我们也必须认识到，"倒金字塔式"新闻结构的出现，使新闻事实的排列按照重要性递减的顺序，导致了"头重脚轻"的现象。但这并不意味着可以忽略"不重要"的结尾。新闻结构形式多种多样，对结尾的要求也各不相同，即使再短小、再不重要的结尾也能起到补充新闻信息、保持恰当完整、照应全篇的作用。电视新闻报道词的结尾在新闻报道中起着两大作用：一是首尾呼应，照应全篇，使新闻完整圆满，起着概括全篇或补充、点题的作用；二是阐明意义，留有余味，或寓意深刻，启迪生发。

综上所述，写电视新闻报道词导语要精心设计，千思万虑，以期引人入胜。写报道词背景要紧扣新闻主题，密切配合新闻主体与主要新闻事实；写报道词主体要精选新闻事实，讲究结构严谨。写报道词结尾同样要下功夫，力求善始善终，圆满完成。

第三节　广播电视新闻编辑

新闻编辑是新闻传播的一个重要组成部分。广播电视新闻编辑工作与传统纸质媒体新闻编辑工作在原则与内容方面既有相同之处也有不同之处，这里主要探讨其不同之处。例如报纸新闻的某一个版面，从组稿、选稿到改稿、排版、校对等都可以一人完成；而广播电视新闻的某一个栏目则必须由各个采访记者或文字记者配合技术人员分别完成，栏目编辑往往只负责各条新闻之间的串联编排。本节将从广播电视新闻编辑的具体工作方面了解其编辑流程。

一、栏目的设置与调整

栏目的设置是电视台、频道根据一定时期的社会发展形势、国家大政方针、文化发展、社会心理需求及本地、本台的特色与优势而做出的决定。一个栏目一旦决定开办,就必须成立具体的编辑部门来对栏目进行定位。栏目定位包括受众定位、内容定位、形式定位、风格与特色定位等。而当形势发生变化,受众心理发生变化,国内外电视产业环境变化,或栏目所在的媒介生态发生变化时,就有必要进行合理的调整。

二、新闻报道的策划与组织

新闻栏目的首要工作就是保证新闻节目的生产与传播。编辑部的工作不应是被动的"守株待兔",而是要根据政治、经济、文化、社会等各项事业的发展,根据新闻生产的节令规律,对新闻生产做出提前谋划,特别是有很多常规性的重大节日活动、重要会议安排,都可以提前进行深入细致的策划与组织,并力求能做出新意,而基于平时的新闻历练,也要对突发性事件的发生有所预见,并做出相应的人力物力安排预案。

在新闻事件发生后,编辑部要能够迅速组织人力物力,开展采编工作,组织报道,并要根据事件的性质、重要程度等,决定采用集中报道、连续报道、系列报道、多现场同时报道中的何种形式。这几种报道形式是最常见的,它们并非是相互独立的,对于同一事件的报道,可能同时具有这几种报道形式的特质。例如在国庆庆典的报道中,当晚中央电视台多个频道多个栏目都会做相应的节目,新闻频道各个栏目会从各自定位出发做有特色的报道,《新闻联播》栏目中会派出多路记者,在节目中拿出大量的时间、篇幅来报道各地庆祝国庆的盛况,这就综合了集中报道和多现场同时报道的形式。

三、选择播出内容

在具体的新闻栏目中,编辑部每天会收到本栏目记者采制的很多新闻,其中有的是按照编辑部安排有计划地进行的报道,还有的是记者自己发现选题和新闻事件而采制的。除此之外,其他在行政级别上处于下属地位的广播电视台也会发来不少新闻作品,本行政区域内的有关单位可能也会主动联系采访播出他们单位发生的新闻。在如今人人都是媒体的自媒体时代,用户生成内容的方式也广为广播电视媒体采用,很多新闻栏目尤其是民生新闻栏目会向社会征集公民制作的音、视频新闻。那么,编辑就要对这些新闻准成品进行鉴别,从中选择适合播出的报道内容。

此外,由于广播电视的技术特性和媒介特点,还要考虑收到的音、视频的技术指标是否能达到播出标准,是否符合广播电视媒体用视听语言叙事的特点。如果内容思想性很高,选题很好,但是影像质量不高,声音效果不好,可能也无法选用。

四、新闻采编与修改

在具体的录播型广播电视节目采编中,各个台的具体运作不尽相同。有的台是由记者完成节目的编辑,编辑在其基础上进行再加工;有的台是由记者完成前期采访,写出报道提纲,写好报道词,然后交由编辑进行素材的剪辑合成。在同一个台、同一个频道,不同的新闻栏目的采编制度也不尽相同。有的栏目实行的是采编合一,文字记者同时也是编导,要自己完成节目的编辑播出;有的栏目是采编分离,记者和编辑各司其职。在同一个栏目中,由于新闻半成品、准成品来源的不同,也会有不同的处理,本台记者按照编辑部的意见去做的新闻,记者在作品的内容、形式和时长的把握上都非常好,往往就不需要做大的修改;有的是通讯员发来的,是地方单位发来的,那这种内容很可能仅被当作素材,在内容、形式等方面都需要进行深入修改,需要重新剪辑。

修改的内容主要是节目和文字稿，往往有两个原因：一个是其本身存在问题，主要在事实准确性存在问题，进而在视听语言表达上存在问题，必须进行订正和修改，这被称作绝对性修改；一个是节目和文字稿本身没有问题，但为了让其符合栏目定位和传播意图，为了符合编辑部对该节目的时长要求等，而要做出相应的修改，这称为相对性修改。

五、新闻节目的编排

编辑往往从全局观念、节目观念、受众观念几个层面考虑来确定一期新闻节目的编排。全局观念，就是编辑在进行新闻编排时要考虑全局利益，既要了解党和政府的中心工作精神，又要了解实际情况。节目观念是指要考虑具体媒体具体栏目的定位，研究新闻节目的内在规律、基本特征和编排艺术，注意新闻之间的内在联系，经过编排，充分挖掘其蕴含着的新闻价值，从而达到最佳传播效果。受众观念是指以受众为中心，从受众的接受心理出发确定新闻编排的顺序。

（一）选择头条，突出重点

新闻机构都把精心选择头条新闻作为新闻编排的重点，给受众留下深刻印象。头条的选择不仅能突出重点，还能反映出媒体属性、栏目定位，体现了新闻编辑部门的意图。因此，在同一天同一个时段的新闻栏目，其头条可能是不同的。

突出重点还可以体现在一次新闻节目中重点新闻的"量"上，往往围绕一个主题，通过选择不同角度的新闻编排组合，以形成一定的舆论声势。

（二）优化组合

优化组合原本是一个数学上的概念，我们将其引入到新闻编辑工作中来，具有重要的理论和实践意义。首先，必须树立系统论观点，对于诸多新闻栏目、新闻内容的编排，编辑人员应该根据受众反应程度、节目本身特点、新闻时长限制等因素，合理安排、巧妙组合，增强节目的整体性、有序性和相关性，努力达到新闻节目的整体最优目标，形成良好的新闻传播效果。常用办法是关联组合、专栏集纳和稿件配合。

关联组合指将内容上有相关性的一部分新闻组合到同一栏目或时段，从而形成强势的整体传播，新闻之间的互动性也会引起受众的更多注意。专栏集纳是在栏目当中再分出来一些子栏目（专栏），子栏目专门负责播报特定形式或内容的新闻。稿件配合即为新闻配上相应的说明资料或解说性评论，目的是为了让受众能够更好地理解新闻内容。

（三）善用峰谷技巧

心理学研究表明，人们的注意力保持是有一定时间限度的。通常，听众收听一个广播新闻栏目、观众收看一个电视新闻栏目，到一定时间后就会产生倦怠。这就提醒编辑要根据人们的认知规律来安排一档新闻栏目中的各条新闻，可以采取"峰谷技巧"。也就是说，编辑要把新闻搭配开来，让受众易于接受的新闻和相对接受较难的新闻穿插编排，每次都要用当天最重要的、最新的、突发性新闻做头条，从高峰开始。往后，新闻的紧迫性和新闻价值有所减小，当达到低谷状态时，应该找到一个办法，例如在预报有兴趣的节目内容后断开，采用广告、片花或节目形象宣传片来一个转变，使节目再回到高峰状态，使受众的接受兴趣恢复。

（四）写好提要与串联词

一档新闻节目总要使开头、中间、结尾之间实现一个自然流畅的起承转合，而实现的方法也很多，例如可以用栏标、音乐、音响、字幕、广告、片头、片花、片尾等。尤其新闻提要和串联词这种以有声语言为媒介的起承转合，是其中最直接的实现手段。

新闻提要是为了凸显重大新闻、吸引观众注意而采用的一种编排技巧。

它既体现了编辑部对当日重要新闻的判断，也为受众选择节目提供了线索和依据。广播电视新闻提要的表现方式有两种：一是主播（播音员或主持人）在节目开始对当期主要内容、重要新闻的一次概要介绍。这主要出现在时长30分钟左右、节目当中没有片花打断、没有分成几部分的新闻资讯类栏目中。二是在一次新闻播出过程中，间或出现主播（播音员或主持人）对几条新闻主要内容的简要预报。这种新闻提要还有揭示新闻间的内在联系、显示编排结构意图、转换受众注意的作用。这在时长较长的民生新闻栏目中常常出现，这些栏目往往有1小时甚至更长的时间，中间用片花或节目形象宣传片将整档节目分成几段，那么在前一段新闻播报结束的时候，往往会出现"接下来您将看到（听到）……"，以预告下面几条新闻的主要内容。

串联词是指上下新闻之间承上启下的简短介绍、议论和提示。有的新闻栏目在节目最后还有新闻回报（回顾），是对新闻提要在节目结尾时的复述，目的在于加深观众的印象和记忆，以方便中途收听收看节目的受众对整档新闻节目内容的了解。

六、新闻的播出

广播电视新闻节目的播出分为录播和直播两种。

录播的消息类新闻节目（新闻资讯类栏目）、新闻杂志类节目（板块型节目），每条新闻（每一板块）先编辑好，再由责任编辑写出串联单，主播（播音员或主持人）根据新闻提要、串联词进行串联，编辑（导播）监制，制作出完整的播出带，由领导审看，审看通过就可以送播。

演播室直播节目中，每条新闻（每个板块）都是录播的，由记者和编辑制作完成。直播前，责任编辑要写出新闻播出串联单、新闻提要和串联词，然后由导播负责安排播出。在播出过程中，编辑要在现场，随时准备处理情况。

新闻现场直播节目中，事先没有任何节目带，演播室主持人、现场主持人、前方记者（现场记者）紧密配合，根据新闻事件的进展，进行消息播报、现场报道、现场采访、评论，导播、调音、摄像、录像、切换、美工、字幕、特技、灯光等各个工种都要在导播指挥下，各就各位，各司其职，保证在新闻事件发生的同时，就能顺利地将节目播送出去。

七、通联

通联工作是根据受众需要加强和改进新闻报道的重要途径。当今社会，新闻媒体之间的竞争愈加激烈，这就要求新闻媒体必须更加注重和加强通联工作。通联工作可以说是新闻媒体密切联系群众的优良传统和工作作风的体现。

因此，新闻节目播出后，编辑人员要注意收集节目的反馈，为下一次节目的编辑做好准备。此外，作为编辑人员，应该保持广泛的社会联系，建立并维持广泛的信息网络，为新闻编辑工作提供方便、快捷而可靠的信息资源库。为此，要与各信息来源、节目和稿件来源保持联系，做好群众来信、来电、来访的处理与接待工作，适时组织受众参与节目评奖等。

总之，广播电视新闻编辑是一门艺术，也是一门科学。编辑是新闻产品生产过程的重要环节，编辑水平的高下决定着新闻节目质量的好坏。了解并掌握广播电视新闻编辑的具体工作，是做好广播电视新闻节目编辑的基础。此外，在广播电视新闻编辑过程中会遇到诸多实践问题，从实际出发遵循一定的技巧与方法，才会使新闻编辑更加合理。

第六章　广播电视新闻节目的编排流程与新时代发展

第一节　广播电视新闻节目编辑的职责和要求

广播电视新闻在成为当今社会最主流的信息传播媒体的同时，也担负起了更多的责任，包括整合有用信息、引导正确舆论、保证有效传播等。这就要求广播电视新闻编辑人员必须明确自身职责，严格遵守行业要求，以便广播电视新闻更好地为大众服务。

一、广播电视新闻节目编辑的职责

（一）新闻信息的整合

广播电视新闻编辑每天要接触大量的信息，将纷繁复杂的信息加以整合，给实时信息以传播价值定位，使新闻的社会功能得到有效的发挥，是编辑部应该履行的职责。一般而言，广播电视新闻编辑在接触一条新闻之后，要对这条新闻进行新闻价值的分析，看它放在节目中的哪个位置，做头条还是往后放？强势处理还是改成简讯？这个过程，是在和其他新闻做比较时进行的，因此，新闻编辑的信息整合过程，也是新闻信息的价值定位过程。这就要求编辑对新闻信息与社会现实及信息背景有准确的把握，能为新闻信息准确定位，找到新闻信息在播出线中的恰当位置。

（二）把关

把关就是对新闻信息生产与传播的具体管理。在新闻生产传播的过程中，把关人无处不在。

在广播电视新闻生产的外部，国家各个思想文化工作相关的部门都会对新闻生产进行政策层面、业务层面的管理与指导。而在具体的广播电视媒体中，从台到频道到部门到栏目组，也都会对新闻的生产进行各个层面的管理。每个具体的新闻报道，从记者采访和粗编，到编辑修改，再到责任编辑的审核，到主编等各级编辑部领导者，都会在生产中表达自己的看法，修改作品。

概括而言，这层层把关主要基于三重层面的考虑：社会价值标准、新闻价值标准和媒体自身定位标准。社会价值标准体现的是媒介的社会责任和政治责任，反映的是对新闻的倾向性及其传播的社会效果的考量。新闻价值标准体现的是新闻生产在业务方面的专业性要求，包括真实性、时效性、重要性等，是决定一个新闻信息值不值得报道的主要标准。媒体自身定位标准，主要是从目标群体新闻需求和兴趣、接受心理角度出发对新闻信息的取舍与呈现，主要关注新闻信息的接近性、趣味性、可读性、有用性等标准，反映的是受众心理需求对新闻内容、新闻报道形式、作品风格等的要求。

各个层面的编辑在广播电视新闻生产链条中，起着至关重要的作用。他们要按照上述三重标准对一个半成品或准成品进行审核，当发现可能出现冲突的时候，必须作出修改甚至弃用的决定，从而确保广播电视新闻作品在传播中能够产生正面效应，确保意识形态安全、文化安全、国家信息安全、社会价值观正确。

（三）发言

发言是广播电视新闻媒体社会责任和舆论工具功能的具体体现。广播电视新闻中的发言就是电台、电视台对于新闻的价值判断，具体来说，就是新闻编辑部通过直接或间接的方式，代表媒体对新闻事实表达具有倾向性的态度和立场，引导受众对新闻事实的理解与判断。

广播电视新闻发言方式分为直接和间接两种。其中,直接发言主要是通过播发评论的方式,例如播发新华社、《人民日报》的社论,评论员文章或本台采写的评论,也可以以短评、编后语的形式发言。间接发言显得更为含蓄,主要体现在新闻内容的安排上,通过有意地突出某些重点内容、报道词及标题的处理、字幕的使用、颜色的选择、音响音乐的处理等,让受众感受到媒体所要传达的态度。需要注意的是,新闻具有真实性与客观性,媒体的发言必须建立在此基础之上,倾向性与客观性要对立统一,不能随意表达立场。

(四)保证有效传播

编辑部门是广播电视新闻传播的枢纽,担负着整个新闻传播活动的策划、组织与具体实施,并对传播效果负主要责任。[①]因此,编辑部能否高效灵活地运作,直接关系到新闻传播的效果好坏和新闻生产传播能否可持续发展。这就要求编辑部在从宏观到微观的各个层面、环节,进行全方位地精心策划与实施,大到基于对国家政策法规的准确把握而进行的经营规划、栏目定位,与其他栏目、频道、电视台各类栏目竞合关系处理,小到每条新闻的内容与形式的安排、每期节目的编排等。如此精心筹划与实施,才能保证广播电视新闻的有效传播。

二、广播电视新闻节目编辑的要求

(一)政治敏感度

新闻舆论无小事,因此要有政治敏感度,要能正确把握新闻舆论导向。社会主义新闻工作必须讲党性、讲政治。在我国,广播电视承担着宣传党和国家的政策、方针、路线、会议精神等的责任;要时刻坚守为人民服务的宗旨,及时、充分反映人民的心声;要积极弘扬社会主义核心价值观,用正确的舆论引导人,做团结民族、热爱祖国、维护社会稳定的新闻报道。

---

① 刘风云:《浅谈新闻编辑中的真实性原则权》,《西部广播电视》2014年第22期,第141页。

（二）勤奋

广播电视新闻工作是一份很辛苦的工作，无论是编辑、记者，还是主持人，哪里有新闻，哪里就有新闻编辑人员，何时有新闻，何时就有新闻编辑人员。而且，广播电视新闻节目，往往是 24 小时全天候的，因此新闻编辑人员加班加点或夜间工作是家常便饭，而且越是节假日可能越忙，越不能休息。因此，广播电视新闻工作者必须勤奋，能吃得了这份苦。

（三）守时

守时是一种美德，但对新闻编辑工作者来说，守时更加重要。因为，新闻工作对时间的要求非常高，一个新闻节目，几点开始播音，几点结束，一秒钟都不能差。而且无论早晚、无论寒暑，也无论刮风下雨，甚至无论健康还是生病（如果无人替班，那就必须到岗），只要有节目，就必须提前到岗，绝不能迟到，更不能旷工。

（四）责任心

新闻工作是一项责任重于泰山的工作，一旦出差错，可能会造成极其重大的社会影响，因此，绝不能掉以轻心、有一丝一毫的马虎。新闻界有一句名言，"百功不抵一过"，意思是说：即使你获得过再多的成就和荣誉，也可能仅仅因为一次新闻工作失误而付之一炬。可见新闻责任之重大。

（五）协作能力

新闻工作是一项集体性很强的工作，在很多情况下，需要多人合作或多部门协同。而且，新闻工作还需要有一支庞大的通讯员队伍，还需要和受众建立良好的关系，因此，新闻编辑工作者必须具备良好的沟通能力和人际交往能力。

（六）采编播能力

广播电视是线性媒介，支撑广播电视最基本、最直接的表现符号是声音和画面。广播电视的这一特性，要求广播电视新闻编辑必须成为一名熟悉广播电视特点，并能自如驾驭它的能手。

新闻界人常说：采编播合一。所谓采，就是采访能力。广播电视新闻编辑虽然做的是编辑工作，但必须懂采访，会采访，会熟练运用一切广播采访设备，掌握采访技巧，关键时刻能冲上去。所谓编就是编辑能力，包括新闻的组稿能力，同时还包括改稿能力和音、视频编辑能力。广播电视新闻编辑要非常了解广播电视的语言特点，能按照其特点去写稿和修改稿件。同时，当代广播电视早已实现了数字化，广播电视新闻工作离不开对声音或画面的剪辑和编辑，因此，广播电视新闻工作者要会熟练使用数字音频、视频编辑设备，会使用电脑，能熟练地上网。所谓播就是口播能力。无论广播还是电视都离不开讲话，因此，口播能力就包括了日常的良好表达能力，也包括对新闻的表达能力。[1]

有人以为，强调采编播，就是让一个广播电视编辑去承担三种职业的能力，这是错误的。这里所说的采编播，不是三个职业，而是三种技能。作为一名广播电视新闻编辑，无论你在何种岗位，只有兼具了采编播三项技能，才能更好地胜任广播电视新闻编辑工作。

第二节　广播电视新闻节目的编辑流程和技巧

广播电视新闻节目的编辑流程是广播电视新闻工作的基础，是每一位从事相关工作的人员都必须了解与熟知的。对广播电视新闻节目编辑技巧的掌握是保证广播新闻节目编辑质量的有效途径。只有掌握了广播电视新闻节目的编辑流程与技巧，才能做出符合政治与社会舆论导向的、人民大众满意的高质量新闻节目。

---

[1] 钱辛波：《新闻通记员手册》，大连出版社1992年版，第227页。

一、广播新闻节目的编辑流程和技巧

（一）广播新闻节目的编辑流程

流程指事物进行中的次序或顺序的布置和安排，广播新闻节目编辑的流程即广播新闻节目的工作顺序安排，分为以下几点：

第一，确定选题必须根据本新闻栏目的特点和要求，进行科学合理的策划，进行组稿。如有需要，编辑可撰写稿件。第二，在获得相关稿件的基础上，选择符合节目内容与风格需要的稿件，并对稿件进行必要的修改。第三，标题是新闻的眼睛，拟定优秀的标题、撰写精要的提纲十分重要。第四，根据节目内容确定节目形式，进行合理编排，或录播或直播。第五，观众反馈是节目赖以生存的重要方面，必须在节目播出后用心倾听反馈，及时改善栏目的内容和形式编排，同时保证稿源，确保下一次节目的播出。

（二）广播新闻节目的编辑技巧

1. 选稿的技巧

在广播新闻的选稿时，一是要把握正确的新闻舆论导向，这是社会主义新闻工作的基本要求。二是要紧扣主题，满足受众的需求。随着社会发展的日新月异，经济建设的如火如荼，人们的生活水平不断提高。物质生活水平的提高带来的是文化需求的提高。因此，新闻消息不能只关注衣食住行等物质领域，也要关注群众的精神生活。三是要突出特点，发挥优势。广播新闻在编排时应努力突出其特点，将自身优势最大化发挥，充分吸引受众。当下各类电台新闻节目千篇一律，只有独树一帜才能立足长远。同时，同一个电台的新闻节目繁多，要合理发挥每个时间段该栏目的个性和优势。广播新闻编辑不仅要努力做好本台要求的本职工作，而且要善于发现社会热点，追踪报道，挖掘事件背后的新闻价值，走进群众，用平民视角为人民服务。

2. 改稿的技巧

广播是一种基于声音符号的传播媒介，这就要求广播新闻编辑必须掌握熟练、高超的声音符号使用与编辑技巧。教育家叶圣陶曾说过:"广播稿如果写得不清楚,不明白,就会为听众设置障碍,使听众一愣。如果一揣摩,下面的话就滑过去了,整个收听过程就乱了套。因此,广播稿不但要用眼用手写,还要用嘴用耳朵写,放在嘴上去读,去检验。"作为广播编辑,应当在改稿时做到以下几点:

一是多用双音节词和通俗易懂的口语,方便听众收听。除非有特殊的需要,一般的广播稿尽量使用双音节词和口语为宜。双音节词读起来节奏感强,易于听觉辨认。相反,单音词的音波短,音感低,加之与双音节词的不易搭配,多数会影响声音的协调和可听性。另外,尽量少使用书面语,用口语代替,更方便观众的收听与理解。二是把文言或半文言的词改成白话。三是避免同音字词的出现。在汉语中,同音不同形不同义的字词有很多,为了避免让听众产生误解,应尽量避免在广播新闻中出现这样的字词。四是注意文字的简练,少用长句和倒装句。广播新闻首先要让观众听清楚新闻的内容,所以不需要复杂的表达方式,一些长句、倒装句,不仅读起来拗口,听起来也不舒服,编辑在改稿时应注意改为陈述句或几个短句。

3. 声音的使用技巧

音响是广播新闻的重要组成部分,在进行选择和使用时应以那些最能说明和表现主题的音响为主,并合理进行编辑,从而确保准确、到位地使用音响。合理使用音响对于增强广播新闻报道的真实性和吸引力作用显著。使用音响有如下技巧:一是注重音响的使用时机应尽量早一些,以便增强新闻报道的魅力来吸引受众;二是注重音响的持续性和平衡性,即音响不能中断,且不要过于集中,避免使新闻现场感淡化或偏离主题;三是所选择的音响必须是能够烘托新闻主题的,不能随便滥用音响,否则不仅无法起到有益作用还可能会使新闻效果大打折扣。

另外,还可以将两类以上的声音配合录制到一起进行使用。根据具体的体裁内容,必须对剪辑后的音频进行相应的重新编排,过程中要注意与解说的合理衔接，以便建立新的内容结构。合成的主要方法有切换、淡入淡出和混播三种。各种声音混合录音时要注意三点，一是"量"的问题，包括各类音响的长度、音量大小等；二是"质"的问题，包括录制声音的清晰度、流畅性、内容的科学性等；三是衔接的问题，即录制到一起的两段或多段声音应当是圆滑流畅的，中间不能有衔接的痕迹。

二、电视新闻节目的编辑流程和技巧

（一）电视新闻节目编辑流程

电视新闻节目编辑的流程即电视新闻节目的工作顺序安排，在编辑过程中，应严格按照流程进行工作，随意地打乱流程会给编辑工作带来不良影响。

第一步，确定选题。根据本新闻栏目特点和节目的要求，初拟选题．收集前期的声画资料，了解并熟悉选题的相关信息，进一步确定选题。第二步，文本撰写。根据本新闻的特点，结合已有资料，确立文本的叙述脉络、模式、风格，撰写包括旁白、同期声语言、字幕等内容的文字稿本，为声画剪辑提供参考。第三步，素材整理。编辑人员必须把已拍摄好的素材反复观看，进行选取与删改。第四步，画面编辑。选择合适、精彩的镜头和片段用到节目中去。确定镜头的排列顺序，决定每一个画面的长短。第五步，声音剪辑。声音剪辑包括同期声、配音等。编辑成功的一个标准就是必须达到声音与画面的和谐。加入各个声音元素的目的是使节目更加完美。第六步，加入现成的视听材料。在一些新闻专题片的后期编辑中，可以加入一些现成的视听材料，例如背景资料等。第七步，审查与修改。在基本的编辑工作完成之后，编辑人员还必须从整体出发，对各部分进行检查与修改，以确保节目的质量。

（二）电视新闻节目画面编辑技巧

电视新闻节目画面编辑技巧较多，且不同类型节目的画面编辑技巧也存在一定差异。下面对与电视新闻节目画面编辑有关的技巧进行阐述。

1. 画面组接规律

一般来说，画面组接有以下规律：第一，因果关系。分为先因后果和先果后因。前者为先用画面表现原因，再用画面表现结果，后者则相反。在新闻中后一种方式用得比较多，因为这样更容易引起悬念，更容易引起观众的观看兴趣。第二，并列关系。用多个画面表达同一个主题。第三，对应关系。新闻采访中，主持人与被访者的对应，插入主持人的镜头和环境的空镜头，形成对应关系。第四，对比关系。对比是为了突出某一问题或现象。第五是传统的组接和现代的组接。传统的组接方式是按景别大小依次递进，给观众一个慢慢递进的过程。而现代的组接则不考虑这个递进的过程，在新闻中，现代的组接方式用得比较多，观众更多地观看画面内的内容，而不会太关心景别的联系。

2. 镜头长度的选择

在新闻电视节目中，需要用多个镜头来组成一个完整的节目，因此必须要考虑到镜头的长短。素材中的镜头并不总是完全符合要求的，在编辑时常常需要根据实际情况作镜头长短的选择。

那么，如何判断一个镜头的长短呢？基本上可以分为4个层次：看清画面内容——领会画面表达的含义——接受画面传达的感情——产生共鸣。判断一个镜头的长短首先要有足够的时间保证观众能看清楚画面中的信息，如果不是为了表达特殊的效果和含义，剪辑时使用镜头过短，观众还没有看明白画面中的内容就切到下个画面，从视觉上，观众会感到不适；从心理上，观众会有受挫感，进而可能放弃观看。同时，镜头也不是时间越长越好，一个长时间没有明显变化的镜头会使观众失去兴趣，甚至失去耐心。

镜头长度包含内容长度和情绪长度两方面的内容。所谓内容长度，是指把画面主体内容展示清楚的镜头时间长度。不同的画面内容有繁有简，镜头的长度也有不同的要求。制约内容长度的主要因素包括以下几种：第一，根据主体位置来判断时间长度。主体离镜头近则可以镜头稍短，远则应稍长。

第二，根据主体运动状态来判断时间长度。运动主体镜头可短些，而静态主体则可稍长些。第三，因景别的不同而时间长度不同。远景、全景画面应镜头时间长些，反之，近景、特写镜头时间则应稍短。第四，根据画面亮度而决定时间长度。简单来说，明亮、清晰的画面镜头可以适当短一些，昏暗、视线受阻的画面则应适当延长镜头。

情绪长度，即通过渲染气氛、营造氛围、抒发情感，让观众进一步感受并体会到镜头所传达的信息，并产生情绪上的共鸣。在选择情绪长度时主要考虑的是镜头花费多少时间才能有效地发挥出画面的情绪和氛围。

3. 轴线规则

在电视画面中，被摄主体的方向不是由主体本身的方向决定的，而是由摄像机的拍摄方向决定的。意思是，被摄主体在画面中的方向与其现实的方向并不一致，它具有一定的假定性。举个例子，现实中一个人从左向右走，如果摄像机在行走路线的同一侧拍，方向是从左向右，如果摄像机在行走路线的另一侧拍摄，在画面中则是从右向左。在此，由于摄像机位置的不同，所拍摄出来的方向是不同的，如果不注意画面中的方向，而随意地拍摄和剪辑，这特别容易引起观众视觉上的混淆，并进一步引起意义上的混淆。因此，需要一个简单、可行的解决方案，于是就有了轴线和轴线规则。

在方向性较强的人物或物体的拍摄中，往往存在着一条假想的轴线，摄像机要在假想轴线的一侧，即180°以内设置机位，以保证正确处理人或物体在画面中的方向。因此轴线规则也被称为"180°规则"。[1]

轴线分为关系轴线、运动轴线和方向轴线。关系轴线是指在双人、三人或多人之间的假想线。摄像机的机位只能在这条假想线的一侧进行拍摄，这样拍摄的多个画面剪辑在一起，才符合关系轴线的轴线规则。运动轴线是指主体向着某个方向运动时，这个运动的路线及它的延长线。摄像机的机位只能在这条运动线的一侧进行拍摄，这样拍摄的多个画面剪辑在一起，才符合

---

[1] 杨荣誉：《影像视觉心理学》，中国电影出版社2015年版，第93页。

运动轴线的轴线规则。方向轴线是指静止的单一主体到其对面支点间的虚拟线，以视线为主，因此也称视线轴线。同样，摄像机机位应设在人的视线轴线的一侧拍摄，所拍出的所有镜头中的视线方向是一致的，是可以剪辑在一起的。如果不在一侧拍摄，所拍摄的画面组接在一起，会出现视线的不一致，即人物一会往这边看，一会往那边看，引起观众观看的混淆。

如果被摄主体的运动方向和位置关系不一致，我们称之为越轴。越轴并非是完全错误或无用的，合理越轴对画面拍摄具有积极作用。常见的合理越轴方法有以下几种：第一，插入中性方向镜头。中性方向镜头即为摄像机机位在轴线上，所拍出来的镜头没有明显的方向性，所以可以作为过渡镜头，插在两个主体运动方向相反的镜头之间，减弱越轴造成的视觉冲突感。因此，在前期拍摄时应拍一些中性方向镜头，以便剪辑时使用。第二，插入与运动主体有关的事物的局部镜头或反应镜头。这样的方法一般被用在大型庆典活动中，例如运动会或阅兵仪式，两个方向相反的镜头相接在起，这时可以在中间插入与活动现场相关的镜头，即可实现合理越轴。第三，借助景别的改变合理越轴。在一些大场景中，用全景或远景能够交待运动的方向和人物之间的关系，因此可以弥补轴线上的错误，让观众了解正确的方向。第四，用主体自身运动的画面改变轴线。用一个镜头展现主体自身的运动方向，例如车转弯或人转身。

4. 蒙太奇

蒙太奇是法语音译词，原是建筑学上的构成、装配之意，借用到影视领域中则是通过对镜头、素材等进行一定的取舍与重新组合，达到突出表现某种内容的目的。蒙太奇手法创造了一个独特的影视时空，每个镜头都是对现实时空的记录，经过剪辑可以实现对该时空的再造。这一影视制作的优秀手法对于电视新闻编辑工作也有深刻的借鉴意义。

在电视新闻的剪辑中，使用最多的是声画蒙太奇。法国电影学者马赛尔·马尔丹在《电影语言》中说道："画面和声音结合得如此紧密，以至彼此都无法通过对方发挥作用，眼见和耳闻融为一体，无法分割，而只有通过画面和声音结合造成的总体效果，才能使我们感受到什么，体验到什么。"①电视从一开始就以视听两种手段发挥其媒介功能，画面和声音相辅相成，以不同的形式结合在一起，为传达信息、表达情感带来完美的效果，这种组合关系称为声画蒙太奇。声画蒙太奇分为声画合一和声画对位。

声画合一也称声画同步，顾名思义，指声音和画面中的发声体是同时出现同时消失的，声音和画面具有一致性和统一性。举例来说，如果画面播放的是音乐演奏会现场，那么播放出的音乐则必须跟画面紧密结合：音乐处于欢快节奏和情绪时，画面也相应是欢快的场面；音乐处于悲伤的节奏和氛围时，画面也应当是悲伤的场面，声音和画面必须完全吻合。借鉴到新闻报道中，即应该注重同期声的作用，新闻当事人、受访者及环境声都要仔细采录，此时的新闻摄录是声画合一的形态，声音和画面构成了最完整的新闻现场，大大增强了新闻的真实性。

声画对位也称声画分离，指声音和画面中的发声体不是同时出现同时消失的，声音和画面不具有一致性和统一性。声画对位的目的往往是为了从特定的角度来突出某个内容或主题。声画对位又可以分为声画并行和声画对立，前者是声音和画面处于没有明确关联的状态，后者则是声音和画面的内容、情绪等方面处于明显的相对立状态，二者的目的都是为了衬托或侧面反映某种问题，进而深化主题。

（三）消息类电视新闻编辑技巧

消息类电视新闻是对新近发生的有社会意义并引起公众兴趣的事实的简短报道。因此，真实性、时效性及文字少、篇幅小成为消息的基本特征。消息类新闻是狭义上的新闻，可见其在电视新闻节目中的地位，是电视新闻的主体。消息类新闻是电视新闻传播的主要形式，也是受众获知国内外新闻的

---

① （法）马赛尔·马尔丹：《电影语言》，何振淦译，中国电影出版社1980年版，第108页。

主要窗口。可以说，消息类电视新闻节目的编辑制作水准在一定程度上可以反映出一家电视台的水平和实力。

1. 镜头运用规则

电视新闻时间短，素材有限，编辑首要考虑的是画面内的信息是否饱和，是否真实，是否能准确地表现内容并传达给观众，因此，对于诸如艺术片中的剪辑方式往往不是新闻编辑所要过多考虑的。

第一，新闻特有的画面组接方式。传统的镜头组接规律中，讲究镜头之间的景别关系。例如从全景镜头到特写镜头的组接，中间应用中景、近景镜头过渡，以免太突兀；再如同一景别的镜头不宜相接，因为太平缓。这些艺术性的剪辑方法在新闻片中并不重要，只要能够真实、饱和、直接地传达新闻信息，这些规则都可以打破。

第二，强化细节。在编辑新闻片时，细节的运用往往能够带给观众更多的内容和想象的空间。因此在进行画面编辑时，要熟悉素材，总体把握，不要对某些珍贵的画面有所遗漏。在新闻片中，细节的合理使用是编辑创造力的体现。

第三，多选择固定镜头、少选择运动镜头。镜头外部运动方式分为两类：固定镜头和运动镜头。运动镜头在电影和电视剧中运用得较多。消息类新闻报道时间往往很短，在如此短的时间内要准确地传达信息，就需要内容信息量大且易于传达信息的固定画面，需要清晰、简练的镜头语言。过多地用运动镜头会影响观众的观看效果，观众的注意力会不自觉地被镜头的运动所吸引，而减少对新闻事件本身的关注。

2. 声画蒙太奇的运用

前面介绍了声画蒙太奇的相关概念和作用，这里简要介绍声画蒙太奇的使用技巧和方法。我们知道，蒙太奇手法是脱胎于影视制作的艺术手法，具有强大的表现魅力，运用到新闻编辑中必须注意其可能对新闻真实性造成的影响。也就是说，在新闻画面剪辑的时候，必须保证所剪辑的画面和组合完成后的画面的真实性，不能"断章取义""随意拼接"，甚至导致观众对新闻事实产生误解的情况发生。

3. 声音的剪辑

声音剪辑中最值得关注的就是同期声的使用，合理使用同期声能增强新闻的准确性和权威性，同期声不是一种点缀，同时不是所有的同期声都是必需的。例如一些冗长的发言讲话或词不达意的现场采访的同期声，编辑完全可以不用，而用言简意赅的旁白来代替。

（四）专题类电视新闻编辑技巧

专题类的电视新闻是对重大的新闻题材进行深入、具体、详尽的报道。专题报道通常会以深度报道的形式出现，因此，新闻实践的起因、经过、发展到结果都会得到详细的报道和展现。与消息类新闻相比，除篇幅的显著增加之外，专题类新闻更关注新闻价值——对于新闻结果是否令人满意、不良现象是否杜绝、高尚品质值得弘扬等。

1. 做好前期策划

与消息类新闻相比，专题类新闻更需要在前期有一定量的调研策划工作，因为专题类的新闻更加深入地反映一些新闻问题、社会事件，以及人物的内心，不像消息类新闻注重的是事件的报道。因此，前期的准备工作非常重要，也是将专题类新闻深入下去的前提条件。

2. 合理运用同期声

同期声是新闻现场的重要素材，包含了大量的信息，是新闻内容的主要组成部分。编辑时，要尽量采用同期声，对画面内容进行补充说明，增强电视新闻的真实性，让观众有身临其境的感受。在编辑同期声时，要注意和旁白相配合，内容上不能重复，也不能冲突，要尽量做到条理清晰，自然流畅。

3. 注重字幕运用

由于专题类新闻内容多，时间长，信息量大，字幕的运用必不可少。一般来说，字幕有两种功能：一是补充信息，一些画面、声音没能表现出或没法表现出的信息内容,可以用字幕的形式告之观众;二是传达情感,在某些情况下,画面和声音不适合用来表达某种情感,反而用几句字幕,让观众心领神会。当然,使用字幕忌复杂,应尽量简单、准确地表达。

4. 适当配乐

音乐能够调动人的情感,在专题类新闻中,适当地配一些音乐,可以更好地表情达意,深化主题和刻画人物的情绪。

5. 控制节奏

因为专题类新闻容量大,时间长,所以在编辑时,要注意控制节奏,不能过于冗长,让观众不耐烦,也不能过于快速,让观众目不暇接。有起有伏,有舒缓有紧张的节奏,才能吸引观众。

一般来说,广播电视新闻节目的编辑流程是固定有序的,但某些特殊情况下也可以适当进行调整。要注意无论如何调整步骤顺序,其流程内容都不能省略。广播电视新闻节目的编辑技巧内容较多,必须准确把握所有技巧,才能做出更好的新闻节目。

第三节 广播电视新闻节目的编排

我们知道,新闻具有客观性,它的发生不以任何人的主观意志为转移。即便是预发性的新闻事件,例如会议、庆典等新闻,在进行中也可能会发生预料不到的变数,甚至导致报道主题发生改变。新闻的来源形式多样、数量庞大,面对海量且杂乱无章的新闻事件,广播电视新闻编辑人员所要做的工作就是将其有序化,并从中筛选出优质选题,进行科学编排。在新闻编辑工作的实践中,往往要求编排速度快、质量高,这就意味着编辑人员没有较长的时间去仔细考量。因此,掌握广播电视新闻节目编排的思想和方法对于编辑人员来说至关重要。

一、广播电视新闻节目编排的思想

编排思想是指决定某一新闻播出与否及安排各条新闻顺序时所表现出来的思想倾向。编排思想是新闻节目思想的具体体现。

（一）树立全局观念

全局观念是指广播电视新闻编辑人员要从整体出发，把握时代规律和社会发展规律，始终站在人民大众的立场看问题，充分发挥新闻的传播价值。在我国，广播电视新闻工作的党性原则始终是第一位的，这就要求在新闻编排工作中，政治新闻的优先级应当更高，例如人大会议、党代会等重要政治活动新闻必须编排在首要位置。在优先编排政治新闻的基础上，合理安排其他类型的新闻。

（二）贴近性原则

贴近性原则是指从电台、电视台所处的地位出发，由近而远地安排新闻。例如中央人民广播电台和中央电视台，通常按先国内后国际、先中央后地方、先全国性新闻后地区性新闻或部门性新闻的次序编排新闻；而地方台除对重要全国性新闻做出安排以外，一般按当地新闻、邻近地区新闻、其他国内新闻、国际新闻顺序安排播出内容。

（三）遵循节目的特点

我们必须明确，新闻节目的编排不是一成不变的。不同的新闻节目具有不同的受众，那么就必须根据受众的需求进行合理编排。同样，不同时间段、不同风格类型的新闻节目也相应具有不同的编排特征。新闻编辑人员必须深刻了解节目的定位、宗旨、受众、风格等要素，掌握节目的收视特征，以此确定节目的编排方式。编排一次新闻节目要有重点、有目的性，要研究新闻的配置和优化组合，要注意新闻之间的内在联系，充分挖掘其中的新闻价值，并达到最佳的传播效果。以《新闻联播》和《新闻30分》做比较，《新闻联播》

的政治性较强，在风格上严肃庄重，在观感上十分正式甚至沉闷，因而在编排时，政治新闻往往是第一位的；而《新闻30分》更多意义上是《新闻联播》的一种补充，多为社会新闻、民生新闻等观众比较感兴趣的新闻，风格上轻松活跃，因而在编排时，更多地考虑新闻价值的大小或收视特征。

（四）特别策划编排

在碰到某些重大主题时，可以不拘泥于固有的编排形式，而为这些主题进行特别的编排策划。以获得2001年中国广播电视新闻奖电视节目编排一等奖的《新闻联播》（2001年7月14日）为例，整档节目编排围绕申奥成功这一主题，打破了以往以党和国家领导人政治活动为中心的传统模式，发挥组合报道的优势，突出重点，层次分明，生动活泼，全方位、立体化地将这一重大事件的报道组合成一个整体。

（五）关注受众需求

所谓受众，就是广播电视节目的传播目标，每一个广播电视台都以提高收听收视率为目标。为此，就必须在遵循党性原则的情况下设法引起受众的兴趣，而广播电视新闻编排对于提高受众兴趣具有重要作用。一方面，在编排的顺序上必须考量新闻价值的大小，没有价值的新闻任何受众都无法提起兴趣；另一方面，要立足受众视角，抓住受众心理，贴近群众，关注民生，了解受众喜欢什么，满足受众的收视需求。

二、广播电视新闻节目编排的方法

广播电视新闻编辑在选择和修改好当期的新闻之后，需要对进入播出列表的新闻按照一定的顺序编辑成一期完整的节目。在编辑时，需要讲究编排艺术，运用各种编排方法使节目之间顺序合理并撞击出新闻以外的意义。常见的编排方法有以下几种。

（一）新闻价值大小排序法

在单位时间内进行编排新闻，要遵循新闻价值大小的原则，将新闻价值大的新闻排在节目时间靠前的位置，相对来说新闻价值小的排在后面。例如，第 13 届中国新闻奖二等奖作品《新闻半小时》播出 33 条新闻，前 12 条和最后一条都围绕"引黄入晋"一期工程展开。一方面，电视台首先从"引黄入晋"对山西经济建设、社会发展的重大意义入手，再报道施工过程中的困难与问题及后续的建设方向等，向受众传达了关于该工程最详细、全面的信息。而连夜守候的记者在节目即将播出之际，发回黄河水进入太原和水质将有保证的消息，既体现了新闻的时效性，又安抚了群众迫切的心理。另一方面，栏目组和编辑人员"借题发挥"，围绕"水"这一生命的源泉、老百姓心系的事物，精心编排有关水的新闻，包括河流地表水污染及治理、三晋名泉晋祠难老泉断流之思考、洗浴场所浪费水等问题，既回应了百姓的呼声，又唤醒了百姓的节水意识，充分发挥了这一新闻的价值。

（二）同类编排法

将相同主题、相同报道对象或题材相近的新闻排列在一起，表达一个集中的主题。例如北京人民广播电台 2001 年 7 月 14 日《北京新闻》"新北京新奥运"特别节目的编排获得第 12 届中国新闻奖一等奖。编辑分别围绕着"北京获得 2008 年奥运会主办权，首都各界欢庆北京申奥成功，江泽民等党和国家领导人参加群众联欢活动""北京今夜无眠""全球华人共庆北京申奥成功"和"国外各大通讯社对北京获得 2008 年奥运会主办权作出报道"4 个主题，将同类报道内容分别编排在 4 个小板块里，极简练地集纳了来自祖国各地、世界各地对北京申奥成功的反应。这样的组合报道，形成了很好的宣传效果，造成一种声势，给受众留下了深刻的印象，也加大了报道的深度。

（三）对比编排法

把两条或两条以上内容相同、性质不同的稿件组织到一起，听众通过对比，能够更清楚地看到事物的本质，比单条新闻更有说服力。例如把反映个别人不爱护环境卫生的不文明行为的新闻和一条青年志愿者关心环境的新闻编排在一起，一褒一贬，对比鲜明。

（四）配合编排法

就是在前面叙述新闻事实，后面配发言论，进行说理分析，再配发一些新闻的背景资料等。这样既可以扩展新闻的内在力量，也可以增加报道的深度和广度。例如，湖北人民广播电台在编排三峡截流当天的新闻时，就将记者来自三峡工程现场的报道、该台的评论和其他与三峡截流相关的新闻编排在一起，多角度、全方位地报道了大江截流的情况和意义。

（五）区域组合编排法

这种方法就是将本市、国内和国际新闻分开来排，这是最常见的编排法。其优点一是从地域上说，由近及远，相关程度递减；二是听着不累。但其忽远忽近，可能会让受众感觉杂乱无章，思维跟不上新闻节奏。

三、广播电视新闻节目编排实践——以《家风是什么》为例

2014年春节期间，中央电视台《新春走基层》栏目推出《家风是什么》特别节目，在《新闻联播》栏目中以头条、提要的方式，连续8天挂标播出。节目对4000多人次有关家风的采访回答进行了精心编辑，并配发了编后语和短评。与此同时，节目还在《朝闻天下》《共同关注》等黄金时段播出了加长版，在"央视新闻"微博、微信和客户端上及时与网友展开互动，形成了强大的报道声势。

作为新春走基层新闻报道的组成部分，《家风是什么》是中央电视台精心策划、主动创新、全力打造的一档电视新闻节目。2014年春节，中央电视台调动31个国内记者站、13家海外记者站及北京本部记者，组成95路采访小组，深入全国各地和10多个国家与地区的海外华人社区，围绕"家风是什么"

进行街头随机采访。老百姓们在田间地头、工厂校园、车站庙会……说老祖宗代代相传的家训、谈父母谆谆教诲的家风、回忆从小耳濡目染的家规。

节目片头色调温馨，解说词道出主题："过年是家的团聚，家是血脉的延续，家风是家庭的气质，家规是家风的注脚……"

接着的解说词让观众了解到该节目的表现形式"农历马年初一到初七，央视记者走到您面前说说话，来到您家里唠唠嗑，问问您家的家风是什么，听听您家的家规有哪些……"

在采访内容前，一段主持人在演播室内关于节目主题的导入语，是对节目内容的一个概述和播出情况的介绍。

在采访对象选择中，节目组考虑了多方面的因素。编辑选择了12位（组）具有代表性的人物。在年龄层次上，包括各年龄段，既有白发苍苍的老人，也有幼儿园的小朋友；在职业身份上，既有文化名人、艺术家，也有普通工人、农民、退休职工和小商贩等；在地域性上，包括了我国大陆各地，以及台湾同胞、海外华人等，使家风这个主题能够全面且深入地进行下去。

采访中还插入了相关的镜头画面。例如空镜头：在采访中国台湾资深杂志出版人何飞鹏时，插入了图书展示的镜头；例如一些资料画面：在采访京剧表演艺术家梅葆玖时，插入了其父梅兰芳"蓄须明志"的资料画面。这些镜头的插入，使节目画面更加丰富，增加了节目内容的深度。

最后一段编后话：家风纯，社风正。既是有感而发的一段评论性文字，又是对节目的一个总结和深入，起到画龙点睛的作用。

在采访过程中，无论是平常百姓还是名人名士，无论是国内观众还是海外同胞，面对这个既让人感到意外又在情理之中的话题，侃侃而谈，有感而发，甚至为之动容动情。"家"淡化了新闻节目主题本身的宣传意味，选择在中国人对"家"情感浓度最高的春节期间，让亿万观众在分享他们祖训家规的同时，也见证着他们成长的历程与人生的感悟。《家风是什么》流淌着中国人"家"的基因，它让传统文化、主流价值观活了起来。

《家风是什么》向海内外观众生动展示了中国社会主流价值观，展示了普通百姓的家国情怀，也展示了主流媒体强烈的社会责任感，展示了央视新闻人的敬业精神和专业水准，为中央电视台今后做好践行社会主义核心价值观的正面宣传报道，奠定了扎实的舆论基础，摸索出了一条切实可行的报道途径。

节目播出后，在海内外产生极大反响，引发了公众对传统家教和家国情怀的强烈关注与思想共鸣。《人民日报》《光明日报》、人民网、新华网、中国新闻网等主流媒体纷纷刊发大量评论文章，予以跟进报道。新浪、搜狐、腾讯等众多门户网站，则在首页和醒目位置上载和链接央视相关节目视频，网民点击和转发量数以亿计，仅在"央视新闻"微博中，网民的点赞就达60多万条，跟帖评论成千上万。这个节目是弘扬社会主义核心价值观的成功案例，有利于爱国爱家风气的形成，有利于弘扬中国传统文化，传递正能量。

第四节 新时代广播电视新闻节目的栏目化

节目是广播电视传播内容的基本单位和播出顺序结构，由语言、图像（画面）、音响、音乐等符号元素组成。一般有固定名称、特定主题、内容提要和一定的时间长度。而所谓栏目化，是指广播电视节目编排播出的一种方法，即将若干个反映同一内容或同一类型的节目编排组合在一起，形成一个独立的节目单元，或归为一个栏目，使这个栏目有一个固定的名称、标志、开始曲和时间长度，并固定安排在某个时刻播放。①

---

① 刘爱清、王锋：《广播电视概论》，中国广播电视出版社1997年版，第246页。

一、广播电视新闻节目栏目化的动因

受众对广播电视新闻信息日益增长的需求是广播电视新闻栏目化的重要原因。随着社会发展，广播电视新闻的内容、形式等方面都不断完善。特别是信息时代，人们的视野愈加开阔，投入自身生存空间、社会环境的视线也更多了，人们迫切需要掌握和改善生存环境，渴求大量的相关信息，这就使得广播电视的传播功能更加突出，也推动了广播电视新闻媒体的改革。社会对新闻和信息的需求使广播电视新闻必须由内容向形式和结构转变，满足多层次、全方位的需要。广播电视新闻应根据目标受众、层次、节目内容、性质和功能的不同，划分相应的固定栏目，形成众多的新闻栏目群体。

经过近一个世纪的发展，广播电视新闻制作技术和管理方法都有了巨大提升，这有力地推动了广播电视新闻传播的栏目化。先进的广播电视传播技术手段，使广播电视新闻传播活动变得更加生动、简便、快捷；而科学的广播电视新闻管理方法，则推动广播电视新闻栏目化的形成。从世界性的广播电视网来看，美国广播公司（ABC）、全国广播公司（NBC）、哥伦比亚广播公司（CBS）、美国有线电视新闻网（CNN）、英国广播公司（BBC）都把广播电视新闻制作作为广播电视网的主体。新闻节目制作趋向专业化、标准化，广播电视新闻栏目已成为衡量一个广播电视机构管理水平的重要标准。广播电视新闻栏目化的实行并不是播出形式上的简单变化，而是广播电视新闻管理模式适应社会化大生产要求的转变和广播电视新闻节目的现代传播意识、传播观念加强的体现。

二、广播电视新闻节目栏目化的传播优势

第一，广播电视新闻的栏目化有利于增强广播电视在传播上的竞争优势和超出地位。当今社会，传统纸质媒体、广播电视媒体，以及新兴的网络媒体争奇斗艳，"增大信息密度，广揽天下新闻，适合社会和大众的需要，无

疑成了电视与广播、报纸互相竞争的焦点"①，电视新闻的扩展若没有一定数量的基础，则很难探求信息质量的飞跃。郭镇之对电视新闻作出的论断对于广播新闻而言同样意义非凡。可以说，广播电视新闻栏目化对于规范新闻传播、提高新闻质量、增加新闻密度都有巨大作用。

第二，广播电视新闻的栏目化有利于充分发挥广播电视新闻的传播功能。广播电视新闻的目的在于为大众提供新闻信息，包括政治新闻的各项政策、方针、路线、规范和会议精神等，经济新闻的经济建设信息、股市行情、工薪情况等，文化类新闻的知识科普、法律讲座、娱乐信息等，民生新闻的天气状况、交通出行等，充分发挥了广播电视新闻的传播功能。

第三，广播电视新闻的栏目化有利于适应不同层次和爱好受众的需要。广播电视新闻是最常见的媒体节目，满足了人民群众对于社会新闻信息的需求。但同时，部分特定受众具有自己特殊的信息需求，这就需要广播电视进行栏目化、规范化传播，满足特定受众的需要。栏目化和规范化的新闻传播不仅方便受众，而且有利于培养固定受众，增加收听收视率。

第四，广播电视新闻的栏目化有助于广播电视新闻整体水平的提高。广播电视新闻实施栏目化传播必然要求在确保定量的基础上求得质的提高，一个新闻栏目如果只有一部分新闻的质量不错，而大多数节目质量平平，甚至低下，这种局面会带来受众对栏目失望的结果。栏目化的新闻传播内容的选择必须要求具有连续性、可持续性发展特点，由于新闻栏目有特定的内涵界定，对新闻信息的质量要求也进一步提高。

三、广播电视新闻节目栏目化发展概述

从广播电视业的发展历史看，广播电台、电视台最先开办的节目一般都是新闻性节目，最先设置的节目栏目一般也都是新闻节目的栏目。并且，由于新闻节目往往适合社会各个层次、各个方面听众观众的需求，每个广播电

---

① 郭镇之：试论九州方圆的改革，《北京广播学院学报》1988年第2期，第24页。

台、电视台又普遍在黄金时间设置重点新闻栏目，所以大多数广播电台、电视台的重点新闻栏目也通常都是收听率、收视率最高和最受听众、观众欢迎的节目栏目，例如我国中央人民广播电台早晨的《新闻和报纸摘要》节目、晚间的《各地人民广播电台联播》节目和中央电视台的《新闻联播》节目等作为全国的信息总汇，开办几十年经久不衰，一直是在我国听众、观众中享有盛誉的名牌栏目。

广播电视新闻节目栏目从内容上可分为综合型、杂志型和专一型三种（其实这三种都"综合"很多内容，但综合的范围不同）。大多数新闻节目都是综合型的，它是将不同题材的时效性强、短小精悍且新闻价值大的新闻（动态消息）按一定的编排原则编排在一档节目内。这种新闻栏目由于其内容的丰富性而决定了受众群体的广泛性和多层次性，一般是电台、电视台的重点新闻节目，例如上述三个栏目，另外还有各省、市电视台在黄金时段、整点播出的新闻节目，例如安徽卫视的《新安晨讯》《今晚报道》等。

杂志型的新闻栏目是通过节目主持人，将多种题材、多种体裁的消息类新闻或专题类新闻、评论类新闻、谈话类新闻混合编排，内容丰富，报道面比较开阔。这种栏目以新闻为骨架，是融新闻性、知识性、服务性、教育性为一体的综合型节目，其中又可分为不同的子单元。有的专家将其称为"大板块综合型节目"，例如中央人民广播电台的《午间半小时》、中央电视台的《东方时空》。

专一型的新闻栏目是按社会行业、社会生活领域或地域划分来编排新闻内容的，例如工业新闻、农业简讯、科技动态、经济要闻、军事新闻、体育新闻或国际新闻、港澳台新闻等，这类新闻可以深化行业报道或突出某地区的报道，满足社会公众的特殊需求。专一型的新闻既可单独构成一个大的播出栏目，例如《中国财经报道》《中国房产报道》《海外娱乐报道》《世界娱乐现场》等；也可在综合型栏目中占据一隅，以若干条相同类型的新闻组合成一个小栏目或一个新闻集纳式的播出节目群，例如中央电视台《晚间新闻》中的"体育新闻"。

广播电视新闻栏目一般都采用固定时间播出的方式。在播出时间安排上，通常用三种原则方法：一是占据黄金时间。早晨6—8点和晚间7—9点这两个时间段是一天中绝大多数听众最便于收听广播的黄金时间，晚上7—10点还是电视观众收看电视节目的黄金时间。所以大多数广播电台、电视台都是在上述这两个黄金时间段中安排重点新闻栏目。二是整点播新闻。即在每个小时的整点时刻安排新闻栏目。三是插空补"白"。即利用一切栏目空隙安排5—10分钟的短新闻、要闻等。

加快新闻传播节奏，提高新闻传播的密集度，多办新闻栏目是适应社会现代化要求而使广播电视得以发展的一个标志。新闻节目一般是按计划的栏目播出，但遇有突发性的重大新闻，便可能打乱正常的节目时间安排，临时插播新闻节目。这种现象在宣传中是常见的，也是广播电视利用自身优势适应现代社会发展的具体表现。

广播电视新闻节目栏目还可以运用多台联办的传播方式。这种方式称为联播，即各台在规定的时间里统一转播来自中心台的新闻节目，这样可以发挥广播电视传播网络的优势，使新闻信息能够在较大的范围内迅速得以扩散。我国目前中央和省两级广播电台、电视台都办有新闻的联播节目。在联播节目时间，其下属各地方台一般都要转播。此外，一些地（市）台和县级台，也都有各式各样的新闻联播节目。还有一些经济区域各台开办的以交换新闻为主的新闻联播节目。这种联播有利于扩大新闻的覆盖面，促进信息的更大范围的传播，促进广播电视新闻节目数量的增加、质量的优化和提高。

随着广播电视业的发展，教育性节目、娱乐性节目或文艺性节目、服务性节目也借鉴新闻节目栏目化的经验，有的也可分为综合型栏目、杂志型（板块化）栏目、专一型栏目，并且也在固定时间播出，甚至进行节目的合作制作与"交换"式的联播。

第五节　新时代民生新闻的崛起

进入 21 世纪以来,社会主义市场经济发展进入新阶段,带动了媒体改革的深入发展,无论是传统纸质媒体还是广播电视媒体都尝试以各种方式进行新的突破和发展。其中,地方广播电视在改革实践中找到了突破的新路径——用关注"民生"的方式来体现对"国计"的关注和参与。它们更多地参与到地方大众的日常生活中去,更多地服务于普通群众。

一、广播电视民生新闻的报道理念和价值取向

民生新闻是当今广播电视新闻的一个重要类型,它体现了步入 21 世纪后,我国广播电视新闻媒体价值观念的变化。具体来说,在传统新闻中,即便是与民生新闻相似的社会新闻,报道的是普通大众的事,但广播电视媒体仍处于"高高在上"的传者地位,受众只能被动接受,没有任何话语权,二者处于不平等的地位;在民生新闻中,广播电视媒体更多地"放下身段",立足于平民视角,报道群众生活,服务于普通大众,受众能够有较大的话语权,媒体和受众双方处于一种平等的地位。媒体及其工作者的价值观念的转变对于民生新闻的诞生和发展有着十分重要的意义。

通过对各地方广播电视民生新闻栏目内容和形式的分析,可以发现它们正努力成为老百姓说话的工具,也就是民众意见表达的公共平台。民生新闻不再是传统意义上自上而下进行单向灌输和指导的工具,而成为发出民间声音的通道,鼓励民众通过它进行意见的表达,发扬民主的作用。这样的新闻节目要做的不仅是为百姓说话,更是让百姓说话。这一原则最终决定了"民生新闻"的报道内容、视角和表达形式。从这个意义上看,民生新闻的本质特征应该是:民生内容,平民视角,民主的价值取向。

民生内容就是指普通大众的日常生活状况，包括生存环境、心理状态等。老百姓在日常生活中做什么、想什么、关心什么、怀疑什么是"民生新闻"的报道对象。因此，必须十分关注新闻与老百姓生活的接近性，注重现场音频、视频的影响和细节的展现，是广播电视民生新闻的一个重要特点。

平民视角是指以最基层、最普遍的普通人视角进行新闻报道，即立足于普通大众，走进老百姓的心里，倾听他们的呼声，设身处地地为他们着想。因此，报道者必须做到感同身受、言语真挚、态度诚恳，站在老百姓的立场，为老百姓说话，充分体现平民化的特征。

民生新闻的价值取向表现在愈加关注普通民众的话语权，即通过新闻报道，帮助受众树立起公民意识，参与社会改革进程，行使民主权利。过去的新闻多是讲究宣传，而宣传往往是单向的，我说你听，我只管以我的需要灌输，而不管你需要接受什么。在镜头前有发言权的除了领导，就是专家学者，老百姓很少有话语权，群众的话语空间很小。而民生新闻彻底改变了这种模式，观众不仅仅是接受者，也是传播者。从这一点上来看，民生新闻的互动性发挥了重要作用。民生新闻的主要对象是普通老百姓，采访编辑、获取资料也靠普通老百姓，他们最知道观众的想法，也最能行使他们的话语权，有助于传与受双方互动。有的节目还以大众近日关心的热点话题作为讨论题，所有观众都可以通过电话、短信、网络等渠道发表自己的意见，给决策部门提供政策依据，可以说是最大限度地将话语权交给了受众。从另一个意义上讲，受者又是传者，建立了传与受之间的新关系。

二、广播电视民生新闻崛起的原因

民生新闻能够在诸多类型的新闻中异军突起，并迅速占领广播电视媒体新闻的重要领域，个中原因是多方面的。

首先，社会发展的大环境决定了民生成为人们越来越关注的焦点，而民生新闻也相应地成为广播电视新闻报道的热点。民生新闻的崛起背景与中国社会的发展息息相关，2003年召开的党的十六大把全面建设小康社会作为未来发展的首要任务，党和政府举起了"以人为本"的大旗，亲民爱民的执政理念十分突出。"民生"被提到了和"国计"同样重要的位置上。随着改革开放的进一步深入和市场经济的确立，在21世纪初，我国公民的视野日益开阔，公民的主体性及权利与义务的观念日益加强，人们认识到话语权的重要。同时，经济的发展也带来了诸多问题，人们迫切需要有一个进行解决的平台和方法。因此，"民生"的概念迅速在人们心中占据了重要的地位，"民生新闻"的崛起势在必行。

其次，民生新闻崛起的一个重要原因是我国新闻媒体价值观的转变。过去的媒体是传者，而公民是受者。媒体处于一种高高在上的状态，它们传播什么受众就只能接收什么，受众完全没有任何话语权和选择权。正如中央电视台孙玉胜概括的那样：中国电视新闻近十年来的改革是从改变电视的语态开始的，"表达与叙述的态度真诚平和，内容真实鲜活，手段更符合电视的规律"。长期以来，传统新闻"上传下达"的枯燥模式早已让新闻媒体的工作者和人民大众都感到厌倦无趣，人们迫切渴望有一种新型的、能够平等对话的新闻模式出现，民生新闻的出现是大势所趋。

再次，"以人为本"的社会理念日益深入，社会的城市化发展促进了公民的价值观现代化，市民阶层迫切要求新闻媒体转变思路，这是民生新闻诞生的重要因素。城市化是我国社会发展的必经之路，随着城市化的普及，人们的思想观念也开始发生变化。作为广播电视新闻的主要受众，他们迫切要求新闻媒体能够为自己的利益服务。因此，民生新闻在城市化进程中应运而生。

最后，面对中央电视台的强大压力，地方广播电视台为了生存必须另谋出路，这促成了民生新闻的诞生。21世纪以来，传统纸质媒体、广播、电视和网络媒体相互竞争，不做出有效改革面临的只有消亡。激烈的媒体竞争让各类媒体新闻报道在数量和质量上都成倍提高。2003年，央视新闻频道的开播更翻开了中国电视新闻的全新一页,全天24小时滚动播出海量的新闻信息,大规模地现场直播世界重大事件的最新动态,它对新闻资源的占有和强大的报道实力,让其他地方广播电视台根本无力抗衡,不得不另寻出路。这就需要地方电视台找准自己的优势进行创造性突破,而民生新闻就是最好的突破点。地方电视台最强大的优势就是能够充分利用本地资源,从百姓身边"寻找"新闻,以时效性和接近性增加收听收视率。

三、广播电视民生新闻的实践

(一)实例一:《都市一时间》

《都市一时间》是湖南经济电视台都市频道的一档市民新闻节目,时长为60分钟。相关调查显示,该节目的收视率一直在湖南地区新闻类节目中名列前茅。众所周知,晚间7点到8点是电视收视的黄金时段,而《都市一时间》单凭民生新闻这一个收视点就紧紧抓住了观众的眼球。

首先,在报道选题上,《都市一时间》给自己的新闻内容定位是"突发事、新鲜事、烦心事",它专门选取当地人们关注的热点问题和突发事件。选题可以分为几种类型。头条一般都是发生在湖南本地的重大突发事件的现场报道。比如衡阳大火(2003年11月4日),废楼坍塌八小时救援(2004年1月3日),营救被劫持的人质(2004年1月9日)等。这种灾害性新闻往往牵动群众的心理,节目组则牢牢把握这点,安排专门人员时刻蹲守新闻现场,及时向观众提供最新新闻动态。此外,与社会治安相关的非常规事件也是《都市一时间》每天必不可少的内容,比如交通事故、盗窃案、诈骗案等。还有一类重要题材就是关系到老百姓切身利益的新闻事件,比如物价、食品安全、电信诈骗,乃至普通人的家庭矛盾、感人故事等。

其次,在报道视角上,《都市一时间》以"民生视角、本色表达"为节目宗旨。平民视角在这档节目里得到了最好的体现:无论是新闻的内容还是主持人的解说、评论,都站在老百姓的立场去看问题。有的是对百姓生活细节的善意提醒,有的是对弱势人群生存状态的关注和关怀,有的是对不法分子侵害百姓权益的揭露和抨击,甚至还有直指政府职能部门的质疑与追问。

最后,在报道形式上,《都市一时间》开通了手机短信、热线电话等互动手段,增强了节目的互动性,让观众具有深度的参与感和话语权。该栏目的口号是"你我的选择,大众的参考"。每期节目开始就是现场以手机短信的方式在直播中展开民意调查,等节目结束时公布结果。比如2004年1月正值湖南省人大、政协两会召开,《都市一时间》每天精心选择一个代表的提案向观众介绍,然后收集意见,并对提案的支持度进行排名,最终反馈到两会的提案组和议案组,深受观众好评。

(二)实例二:《第一时间》

《第一时间》是安徽电视台2003年开播的新闻栏目,其节目宗旨为"服务市民,以人为本",强调在节目的广度、深度、关联度上下功夫,充分体现"贴近实际、贴近生活、贴近群众"的原则和本土化的特色,成为城市市民的"信息超市"。2007年,《第一时间》扩版,由原来的60分钟延长至80分钟,以现场报道和深度调查为主,并通过大活动、大策划来强化与观众的交流互动。由于《第一时间》栏目的定位为以城市观众为主要目标观众,贴近市民的衣食住行,因此,除了及时提供生活资讯外,在《第一时间》报道的新闻类型中,消费者权益维护、城建、住房、环保、医疗、就业等六类报道也都是与普通市民生活息息相关的公众话题。节目中看到的常常是细小的琐事,比如市政设施不完善、河水受到污染、小区停水居民吃水困难、广场环卫工和老人晨练发生矛盾等。这些看似只是小麻烦,却是每个人都有可能遇上的烦心事,影响了老百姓的日常生活。随着《第一时间》的介入,很多困扰百姓生活的问题得以解决,无论是邻里之间的矛盾,还是相关部门的失职都会得到妥善处理。深入"寻常巷陌",立足于公众视野,关注普通百姓生活,以人为本,以及对舆论监督职责的有效行使,正是《第一时间》深受观众喜爱的根本原因。

第六章　广播电视新闻节目的编排流程与新时代发展

通过抽取《第一时间》栏目2004年的第180，202，208，224，269，276共6期节目调查统计后，发现在纳入的164条新闻中，紧扣"民生"二字的生活资讯和维权、城建、住房、环保、医疗、就业这7类报道所占比重为37.7%。而天灾人祸和法制报道的数量加在一起，所占比例与其恰好相当。6期节目共报道交通事故12起、火灾爆炸事故8起，构成了天灾人祸报道类别中最重要的题材。法制报道的内容除了本地重大典型案件的侦破报道，比如"滁州快速破获一起绑架杀人案"。更多的是百姓日常生活中的偷盗欺诈案件和各种纠纷争斗事件，比如两个水果摊主为争抢顾客而大打出手、七旬老太被骗买了掺水香油、众路人齐心协力抓住抢包贼、工地施工器械被盗等。

除了日常新闻，《第一时间》的特别策划节目也充分体现了以人为本的平民视角。抽取的第276期的"母亲节"系列报道"开朗母亲笑谈生活滋味"，报道的是一位很普通的妇女，她与大多数母亲的一点不同在于她是一对双胞胎的母亲。节目中她娓娓道来做双胞胎妈妈的辛苦和幸福，最后表达了希望能有个稳定工作的愿望。这位母亲没有曲折的人生经历，也讲不出感人肺腑的故事，可是就在她从容淡定的叙述中，人们看到了一位平凡母亲的深沉母爱。选择这样的新闻主角，"讲述老百姓自己的故事"，成为《第一时间》亲民特征的又一例证。而第224期的"三八节"特别节目"选择美丽"，邀请了新闻人物"人造美女"郝璐璐和安徽著名女作家潘小平作为嘉宾，与主持人和观众共同讨论"美丽"的标准、是否应该美容整容等话题。现场两位嘉宾的年龄和背景相差悬殊、观点各异，她们的观点和场内外观众也不尽相同，讨论因而具备了开放性和多义性。节目并不试图得出任何结论，也没有谁对谁错的论争，只是给大家各抒己见的空间，让观众自己鉴别思考。这样一期特别节目，体现出的是对多元化的社会价值取向的尊重，是电视新闻对以人为本的现代受众意识的一次实践。

综合以上节目的具体内容，我们将《第一时间》"民生新闻"的价值取向和实践原则归纳到新闻的配置、新闻的采集、新闻的写作、新闻的编排、新闻的播报方式几个方面来看。

首先,新闻的配置是指什么值得报道,以及选择什么样的题材。《第一时间》选择那些更具地域性、更本土化的新闻,将镜头对准社区、街道、家庭,注重亲近性和生活化,聚焦小事、琐事、怪事,为老百姓的衣食住行娱乐等生活问题提供帮助。其内容是广义的社会新闻,既包括灾害、事故,也涉及寻常百姓的生活故事。《第一时间》栏目的内容可以分成"动态新闻""投诉新闻""生活资讯"三大块。报道对象都是普通市民,比如工人、街道居民、受害家属、农民、医生等。栏目还把镜头延伸到一些新的社会群体,比如城市农民工、街头拾荒者等。这些内容恰恰是地方电视新闻在激烈的媒介竞争中,着眼于报道当地社区事务,以其最擅长的方式,即关注"民生",体现对"国计"的关注和参与。这一点正是好的新闻报道的重要准则之一。

其次,新闻的采集是指如何获取新闻,以及搜集新闻素材。《第一时间》每天派出10多部采访车穿梭于都市的大街小巷,近50名记者、摄像人员工作在街头,采访在社区,活跃在人群中,从而大大拓宽了题材获取的渠道,增大了题材的范围。"动态新闻"在内容上的比例一般占70%左右。几乎每一条新闻都有记者现场采访报道的同期声,记者与老百姓面对面的交流,摄像机的镜头始终对准百姓,让老百姓说话,让老百姓上电视,把老百姓作为节目的主人公。在消息来源上,很多新闻线索都是从观众那里获取的,而不是以政府部门作为消息的主要来源。栏目鼓励观众提供线索,并给予"报料"的观众一定的酬劳。这种种做法,不仅是新闻运作流程的改变,更是新闻报道与受众深度互动的重要保障。

再次,在新闻的写作上,《第一时间》强调"绘声绘色地叙述",提倡故事化的新闻写作方式,节目中要有情节、有细节,以讲故事的方式报道新闻。注重营造现场气氛,让观众有身临其境的感觉。这从技巧上更容易拉近和普通受众的关系,也更能强化新闻传播的效果。

《第一时间》打破常规编排方式,没有按新闻的类别来设置传统的常规板块,而是采用开放式的线性编排,按照时间流程来编排,刚刚发生的新闻可以随时插播。刚刚发生的重要新闻（主要指社会新闻）放在最突出的位置，正在发生的重大新闻及时插入，资讯和服务类信息采用飞字幕的形式贯穿节目始终。每个时段的新闻编排都是不固定的，根据本档节目播出时段内的观众流动变化，合理分布精彩内容和一般内容的位置。

最后是新闻的播报方式。《第一时间》最初时长只有60分钟，后期根据受众需求、内容量等因素延长至80分钟。整个节目采取直播形式，主持人在演播室进行新闻播报或者记者现场直接报道，这样的形式便于插入突发事件的报道。新闻报道以影像为主，同期声和现场声运用较多，充分发挥电视新闻声画同步的现场实证性，尽量提高视听双通道所包含的信息容量，保证新闻的质量。为了提高观众参与度，更贴近群众，节目开通了热线电话、手机短信和网络热线3个互动通道，观众可以边看新闻边发手机短信或打热线电话发表对新闻的看法，主持人在直播中与观众互动，把热线电话接进直播室，接听观众对节目的反馈，并随时回复观众提供的信息。《第一时间》日均发稿量20～30条新闻，飞字幕70条左右。大量的飞字幕包括天气预报、国内新闻、国际要闻、电视栏目的联系方式等。此外，在特殊日子里，还采取谈话节目的形式，对某一新闻话题进行深入讨论。

当然，在这些报道中，也会很遗憾地看到商业因素对新闻品质某种程度的影响。比如，对大小事故和刑事案件的报道，即使事出于提升市民安全防范意识的考虑，也显得数量过多。例如第208期，仅一期节目就报道了5起交通事故、2起火灾、1起投河自杀事件和1起煤气中毒事件，共有7人在这5起交通事故中死亡。这样的灾难事故报道往往较容易取得高收视率，但简单表面的报道方式难免有小报化的煽情和单纯追求视觉刺激之嫌。

第七章　广播电视新闻报道体裁

第一节　广播电视消息报道与深度报道

新闻报道体裁指的是新闻报道的种类和样式。每一种报道体裁都有一整套相对稳定的结构形式和表现手段，并成为人们对这类体裁进行划分的标准。虽然广播与电视的媒介不同，但就新闻报道体裁而言，二者是基本相通的，都有消息报道、深度报道、访谈节目等不同报道体裁。由于媒介手段存在差异，广播新闻报道与电视新闻报道在具体传情达意的叙事表现上存在不同的传达效果。

一、广播电视消息报道

广播电视消息报道是运用广播、电视媒介的特有手段，简明扼要地报道新闻事实的新闻体裁，是广播电视新闻最常采用的报道形式。这种报道体裁能够同步传输信息，具有传统纸质媒体所无法比拟的时效优势。另外，广播电视媒介能够真实传输新闻现场的声音和场景，使得新闻的真实感染力大大增强，因此该报道体裁所传播的信息也十分丰富，能够更好地体现新闻追求的真实性与客观性。

（一）广播消息报道

1. 广播消息报道的概念与特点

广播消息报道是以广播为载体，采用声音语言和其他音响符号体系，运用电波媒介手段，迅速及时、简明扼要地报道新闻事实的新闻体裁。广播消息报道的语言通俗易懂，在报道中能够充分调动同期声、音响的表现功能，使新闻报道具体、生动、形象，传递给听众较强的现场感，增加新闻报道的可信度与感染力。

广播消息报道最大的特点是充分运用语言和音响，所以它比文字消息报道更加生动。尽管广播消息报道在形象性上不如电视消息报道强烈，但由于其易于制作、便于传播，且有着良好的伴随性优势，因此在与电视新闻报道的竞争中仍具有一席之地。

2. 广播消息报道的结构

广播消息报道的结构主要有 5 种。第一种是倒金字塔结构，要求按事实的重要程度来安排材料，最重要的事实排在最前面，越是次要的事实越往后靠。在段落层次上，后一段是前一段的补充。这种结构是最为常用的，能够迅速、及时地把最新鲜、最重要的事实告诉听众，使听众一听就明白这篇报道要表达的中心意思，为听众提供了听觉先导。第二种是正金字塔结构，通常是按事物自身发生发展的时间顺序安排层次，先发生的事在前，后发生的事在后。这种结构经常是结果或最重要的事实在最后，也被称为"悬念式结构"。这种结构一般用来报道故事性强、情节曲折的新闻事件。第三种是"双塔"结构，在两件事或两个侧面同等重要的时候会经常采用这种结构。第四种是螺丝式结构，在进行报道时开头便提纲挈领地介绍全篇新闻的重要内容和中心事实，然后逐步展开具体的新闻事实。第五种是散文式结构，是一种兼具新闻真实性、感情色彩和文学风采的结构形式。这种结构在广播消息报道中运用较少，原因在于与广播传播以快取胜的特性不符。

（二）电视消息报道

1. 电视消息报道的概念与特点

电视消息报道是以电视为载体，采用图像、声音等视听语言符号，运用电波媒介手段，对新近或正在发生、发现的事实进行迅速、及时、简明扼要的报道。

电视消息报道最显著的特点是有着生动的形象。与文字消息报道和广播消息报道相比，电视消息报道采用"双通道"的信息传播方式，以图像、声音、文字等符号直接作用于观众的感知器官，从而诉诸人的视觉和听觉，使得报道更加直接、形象，给观众一种强烈的现场感。

2. 电视消息报道的采摄要领

（1）拍摄典型画面

由于电视新闻消息篇幅较短，"一分钟"画面不多，记者需要多思考，充分利用有限的时间。要做到这一点，关键是要抓住典型镜头，拍摄最具代表性和说服力的画面，反映新闻事实。

在现场，记者应该把自己当成观众，了解观众如果在现场，他们最想看到的是什么。记者要准确把握"图片的新闻价值"，拍摄观众最想看到的，且让观众视觉感受良好的现场照片。在选择一个场景时，记者应该尽量使用一些精选的图像来展示新闻事实的本质和全貌。要善于寻找准确表达新闻事实的最佳角度和形式，使新闻事实表达得更加有力。为了捕捉到这样的镜头，记者需要仔细观察现场，做好捕捉经常在瞬间、无意中出现的亮点和镜头的准备。

（2）点面结合

适当安排大型场景和"点"镜头可以增强和加深观众对新闻的印象。在具体操作中，建议在电视新闻消息中少用运动镜头，多用固定镜头，这样不仅可以使画面更具变化性，增加信息传输量，而且可以从多个角度反映新闻事实；少用长镜头，多用短镜头，但如果长镜头更利于体现新闻事实的本质特征和价值，也可以合理运用；少用大景别镜头，多用小景别镜头，一旦能反映新闻的事实、事件发生的地点、环境条件，要尽量选择比较典型的"点"和新颖性的表现角度，善用特写，给观众强烈的视觉冲击和深刻的印象。

（3）注意拍摄章法

随着电视新闻录制设备的不断发展，一些人提倡"无剪辑"电视新闻的拍摄技巧，又称"一步摄影法"。也就是说，记者事先已经形成了完整的报道观念，并在大脑中形成了结构和拍摄步骤的构思。记者先在脑海中筛选内容，然后在新闻现场上逐一拍摄所需图片。拍摄结束后，所摄画面录像无须后期编辑，配上解说词就可以直接播报。

这种无剪辑的拍摄，在某些新闻事实和事件中，自然是相当困难和难以适用的。然而，作为一名电视记者，有这样的意识是很重要的。这样做，不仅为之后的编辑工作节省了大量时间，而且有助于记者根据自己的意图撰写评论，并与图片进行协调，为消除评论与图片之间的不一致创造条件，同时也有助于提高真实感和现场感。

（4）快采快播

电视新闻消息作为一种广泛应用于电视新闻的体裁，肩负着充分利用和体现电视媒体特点，与报纸、广播竞争的重要使命。因此，作为一名电视记者，在收集新闻时，一定要有快速获取新闻的意识。时刻做好准备，一旦发生新闻能够立刻赶往新闻现场，拍摄结束后应立即撰写解说词，同时，要尽快将拍摄的图片和解说词发回电视台，以便在最新的新闻节目时间播出，必要时应采取特殊处理，力求快速播出。

二、广播电视深度报道

《新闻传播百科全书》中对深度报道这样定义：深度报道指对较重大的政治、经济及社会事件或问题进行充分的解释分析，揭示其原因意义的报道样式。注重"何因（Why）"和"怎样（How）"这两个要素的发挥。[1]

（一）广播电视深度报道概述

1. 广播电视深度报道的含义

广播电视深度报道就是指新闻报道程度上的深入、内容上的详细。具体

---

[1] 邱沛篁、吴信训：《新闻传播百科全书》，四川人民出版社1998年版，第130页。

来说，广播深度报道是利用广播媒体的综合优势，运用听觉符号体系，全面记录、反映和分析重大新闻事件和社会问题，揭示新闻事件的本质、因果关系和发展趋势的报道方式；电视深度报道是结合电视媒体的综合优势，运用视觉和听觉两大符号系统，全面记录、反映和分析重大新闻事件和社会问题，揭示新闻事件的本质、因果关系和发展趋势的报道方式。

2. 广播电视深度报道的特点

广播电视深度报道与报刊媒体深度报道相比较的最大不同，是"透视解析立体化，表现手法多样化，传播语境真实化"[①]。

广播能够声情并茂地传播新闻，电视更能够声形并茂地传播新闻，尤其是可以充分再现新闻现场真实的声音、音响、图像、进程气氛，还可以通过充分调动广播电视现场报道的特殊优势，最快地建构真实化的传播语境，最大限度地使广大受众身临其境般地感受新闻事实的原貌。同时，还可以通过多方当事人、记者、主持人叙述角度及方式的多元化，更全面地提供信息，有力引导受众的思考与判断，产生强烈的传播效果。

随着时代的发展，我国的广播电视深度报道不断取得新的经验，呈现出更可喜的发展趋势。尤其电视深度报道领域，有不少成功之处。

第一，在选题方面，从以往的曝光式、批评式报道转向更富建设性的选题，从以往只顾吸引受众眼球的新闻到更关注新闻价值的选题。立足于领导关心、群众重视、社会普遍存在这样三个方面的统一性。

第二，在报道手法上，能够很好地运用纪实手法，充分体现新闻报道的真实性，配以科学的编排，让受众能够感受到新闻的强大感染力；在播出方式上，深度报道节目往往时长较长，通常设有剧情导入、正片和新闻评论等多项环节，合理的悬念设置和美观的节目编排能吸引受众观看；在传播效果上，充分体现节目的互动性，观众具有多种参与新闻讨论的渠道，大大提升了观众的参与感，节目的开放性和张力表现无疑。

---

① 石坚：《新闻写作学》，南京师范大学出版社 2008 版，第 258 页。

第三，电视现场直播在报道国内外的突发性重大新闻事件时效果十分突出，使受众能够第一时间得到信息。同时，作为一种技术手段的深度报道，也得到了更广泛的应用。

第四，电视新闻节目日趋成熟，开始走向栏目化，不仅使电视新闻制作和管理更加规范，而且便于受众观看。此外，栏目化的新闻节目有利于培养固定受众，提高收视率。

（二）广播电视深度报道的形式

1. 广播电视连续报道

连续报道是对正在发生并持续发展的新闻事件在一段时间内进行多次、连续的报道。报道以时间为顺序，随着事件的发生、发展的进程而展开，完整地反映新闻事实的发生、发展、结局及其影响。广播电视连续报道是运用广播、电视媒介手段实施的连续报道，能够充分调动广播、电视特有的声音、画面符号体系作为表意传情的手段与技巧。

广播电视连续报道通常取材于广大群众密切关注、重大、不可预知的事件，整个报道大体上与新闻事件相始终，其特点主要表现在以下六个方面。

第一，广播电视连续报道具备一定的连续性。连续性指的是新闻播出的连续和内容的连续。报道对象事态本身的连续性决定了各次报道之间存在有机的联系，内容承上启下连续、衔接，呈线性的分布，各次报道之间的顺序不能任意变动。由此可以看出，连续报道的连续性与新闻事态的空间和事件有着十分紧密的联系。

第二，广播电视连续报道具备强烈的时效性。在事态进展过程中进行报道，时间跨度小，应是对新近发生、正在发生或进展中事态的连续、及时报道。

第三，广播电视连续报道具备良好的完整性。连续报道从事件发生到追踪到结束，应是有头有尾完整的，这一结构上的完整性是通过对新闻事态发展过程中的多次及时传播而最终完成的。

第四，广播电视连续报道具备明显的递进性。从报道层次看，广播电视连续报道是逐渐递进的，以事物发生发展为依据，逐层渐进地报道事件的全过程。无论是事件性连续报道还是非事件性连续报道，各报道都是由浅入深、逐步递进，从而最终完成整个报道。

第五，广播电视连续报道具备一定的显著性。连续报道是对同一新闻事件做多次报道和多单元的集合，极易在传播效果上造成一定声势。因此，连续报道具备显著性，在一段时间内容易引起观众注意。

第六，广播电视连续报道具备广博性。由于广播电视连续报道是围绕同一新闻事件或问题进行的多次报道，在信息传达上比单条新闻所具备的容量更多，所以信息量也更为广博。

关于广播电视连续报道的采写，需要注意以下三个方面。首先是不断添加和变动新闻依据。由于每次报道都是新闻事件刚发生的最新进展和动向。因此，要注意分段、分层地将事件发展中有价值的信息及时传播给听众和观众。其次是要运用递进式报道的方式，注意由浅入深、一环扣一环地逐步递进来完成整个报道。最后是要注意把握好节奏。进行广播电视连续报道时，当新闻进展较快，可增加报道密度，反之则减少。这样有助于形成良好的节奏，造成一定的舆论强势。

2. 广播电视系列报道

系列报道是围绕同一新闻主题从不同侧面、不同角度做多次、成组的报道。多个独立报道没有外在的连续，却有着内在的必然联系，集合在同一主题思想下，以求对新闻事实做比较系统、全面、有一定深度的报道。广播电视系列报道是运用广播、电视媒介手段实施的系列报道，能够充分调动广播、电视特有的声音、画面符号体系作为表意传情的手段与技巧。

与广播电视连续报道追踪事件的发生、发展走向进行有序报道不同，广播电视系列报道各条新闻之间的次序看起来并没有明显的顺序，但是在报道的各部分之间却存在内在的规律，其特点主要表现在以下三个方面。

第一，广播电视系列报道具备一定的集中性。广播电视系列报道多是围绕同一主题来进行，主题集中不分散，能够体现出某种主题思想，挖掘某种共性，反映出具有普遍意义的状况或趋势，来引起社会舆论的重视。

第二，广播电视系列报道具备明显的广博性。广播电视系列报道从不同角度、不同侧面围绕同一主题来反映各方面的情况，信息量非常广博、密集，能够体现出事件横向、内在的逻辑联系。

第三，广播电视系列报道具备较强的深刻性。广播电视系列报道题材多为重要重大的非事件性新闻，通过系列组合报道，深入揭示主题，因而具有较强的深刻性。

关于广播电视系列报道的采写，需要注意以下三个方面。首先要精心设计系列，从整体目标出发去选择每条新闻的组合排列，同时注意每条新闻的信息量、报道水平，使单条新闻发挥应有的作用，形成整体报道的综合效应。其次要注意立体开拓，在总主题的统帅下，每条新闻做纵向、横向开拓，使整体报道立体化。最后是要注意以小见大，选择具体事实表现宏观主题，从而让观众清楚、正确地了解事实。

3. 广播电视专题报道和特别报道

广播电视专题报道和特别报道都是以较大的篇幅，专门就某个新闻题材，综合运用广播电视的各种表现手段，进行深入全面的报道。由于广播电视专题报道和特别报道的篇幅长、展现的东西多且深厚，最能集中体现深度报道最本质的特征。

广播电视专题报道是在一个独立的节目单元中，专门对某一重大新闻事件或具有某些新闻价值的题材进行全面报道。其对时效性的要求比广播电视消息报道相对要宽松一些。

广播电视特别报道包括两种情况，一种是广播电视媒体对可预见性的未来某一既定时刻将发生的社会普遍关注的重大事件，在做好前期策划和充分准备的情况下进行的深度报道；另一种则是广播电视媒体对某一突发的社会普遍关注的重大事件进行的紧急报道。广播电视专题报道的吸引力主要在于内容的创新，而特别报道则在于内容的独特。

(三)电视深度报道的报道要求

电视深度报道的优势在于它用电视形象化的手段,展示活生生的、充分的、有说服力的事实,并用这种事实来挖掘事物的深度,从而产生预期的传播效果。为了达到这一目的,在操作层面,电视新闻的深度报道往往要求提供大量的系统的背景材料,它把报道对象作为一个整体、一个过程来加以考察,着重回答"为什么"和"怎么样"。

1. 对新闻事件进行深度展示

深度报道的崛起,其最大的意义就在于尽最大可能进入事件的内核,这是深度报道的重要原则之一,我们称之为深度叙事。尽管这里的深度是相对要对事件做全面的调查,力求揭示出深层的背景,并要达到纵深追踪、深层挖掘、做深做透、意义深刻的目标。

要做到这些,记者就必须深度展示"新闻背后的新闻""原因背后的新闻",增强"用事实说话"的力度。[①]在实际操作的过程中,一是摄录记者的专业素养必须过硬,摄录的画面和同期声应当具有打动人心的效果;二是强调新闻的真实性,每一个画面、每一段声音、每一个细节都是真实存在的,都是饱含深情的。这是"电视深度报道向新闻本源(新闻事实)的回归"。

2. 对新闻背景进行有效整合

现在电视新闻一般都通过对新闻背景的运用来增强自身的厚度和广度。任何新闻事实都存在背景,背景是新闻报道的补充说明,是"新闻背后的新闻"。在很多情况下,新闻事件就是根据背景所展开的,可以说新闻背景就是新闻报道的"前传"。"在针对事件进行高密集度和强渗透力的信息传播时,任何一篇出色的深度报道都能根据时空上的接近性来整合各种背景,并在背景应用上较好地做到背景与新闻事实之间、背景与背景之间衔接自然,联系紧密,目标一致,层次清晰。"[②]

---

① 王贵平、王青:深透性:电视深度报道的品质追求,《电视研究》2004年第11期,第23页。
② 同上。

必须树立全局观念，从整体出发，有效整合背景，有利于了解新闻事件的来龙去脉，深化新闻主题，也增强了新闻的趣味性和丰富性。最能体现这一要义的是重大新闻事件的电视直播，如中央电视台关于伊拉克战争的报道。

3. 对新闻信息进行理性解读

新闻具有客观性和倾向性。所谓客观是指新闻内容上的客观存在和形式上的客观公正；而倾向性则是指新闻是由记者编辑报道的，那么它就不可避免地带有人的主观倾向。因此，新闻工作者必须把握好客观性与倾向性之间的度，既能保证以公正的态度报道新闻事件，又要能够对新闻事实作出自己独到的见解。这也是受众对新闻工作者的期待和要求。同一个新闻事件或社会问题，受众更关注媒体怎么去说。有学者提出，现在进入了一个信息解读的时代，而电视深度报道尤其能在增强渗透力和引导性上发挥独到的作用，因为它具有冷静、平衡、深入、客观、质疑的品质。理性的解读，意味着要把这些品质充分地挖掘出来、体现出来。

随着现代生活方式、工作方式的变化，人们的信息消费方式和对舆论的认知方式也在逐渐变化，已经不再习惯用现成的概念体系与惯常的认识方式来解释新领域的新问题，而希望通过新闻报道全新的视角和全新的解读方式获得对事物本质更新的认识。面对这些压力，媒体在深度报道的策划中就一定要有创新意识，力求在信息解读方式上独具风格，满足受众的更高需求。

4. 要对新闻事实进行精当点评

深度报道的两个方面——程度的深入和内容的详细，点明了深度报道必须从新闻的背景出发，涵盖各个新闻要素，具体而准确地调查清楚新闻事件的前因后果、来龙去脉，深刻分析各要素之间的关联，并针对新闻过程或结果作出精准、适当的评论和说明，展现新闻背后的深层次内容。

深度报道严格意义上并不是一种新闻体裁，而是相对于一般新闻消息而言的一种新闻报道形式，它的目的是挖掘新闻事实的本质，发挥最大的新闻价值，弘扬优秀的品质精神，引导正确的社会舆论。特别是在我们社会主义国家,新闻的党性原则是第一位的。因此,电视深度报道应该遵循"深入浅出"的规则。具体来说,"深入"就是指对于新闻背景、新闻现象、新闻过程等具体要素能够深入分析,透过现象看本质,提炼出优秀的思想和精神;同时,要积极关注党和国家的最新政策、方针等,善于在此背景下分析新闻事实,深入学习,并且能够有效传播,让普通民众也能及时了解党和国家的政策与方针。"浅出"指的是新闻报道的语言应该通俗化、形式应该多样化、剖析应该清晰化,总之,应该尽可能容易地被受众理解和接受。深入浅出的深度报道才能获得最佳的传播效果。

第二节 广播电视新闻评论

新闻评论是新闻媒介对当前重大的新闻事件或重要的社会问题发议论、讲道理、明是非的一种议论文体。新闻评论具有明显的宣传意图,直接阐明思想观点,在大众传播媒介中,它是最具有鲜明党性、思想性的文体。它在遵循党和国家法律法规、政策、方针、路线及精神的原则下,对某一社会反响较大的新闻事件进行分析并发表见解,立场鲜明地指出对错与否、应该与否,旨在帮助受众明辨是非、看清形势,引导正确的舆论和价值观。

一、广播电视新闻评论的共性特征

第一,具有明显的新闻性。新闻评论与文学评论、人物评论等不同,它是针对新闻事件的评论,因此具有新闻的各项特征,例如时效性、时新性等。

第二,具有强烈的思辨性。新闻评论具有强烈的说理色彩。它需要依托新闻事实但摆事实不是新闻评论的目的,摆事实是为了讲道理。新闻主要是摆事实,新闻评论则主要是讲道理,从新闻事实引申开来,条分缕析、逻辑严密地明辨是非,提出并论证鲜明的观点,所以,新闻评论具有强烈的思辨性。

第三，具有鲜明的立场性。新闻评论担负着反映社会舆论和引导社会舆论、指导生活与工作的双重任务。它既然是针对新闻事实、依托新闻事实讲道理、辨是非，自然会提出并论证鲜明的观点，表现出鲜明的立场性。同时，由于新闻评论一般是代表着新闻媒体的意见，所以，媒体总是力求透过新闻评论，不仅表现出鲜明的立场观点，而且是正确的、能得到广大群众认同的立场观点。新闻评论在新闻中占有很重要的地位，它是衡量一个媒体新闻节目质量，尤其是政治水平的重要标志之一。

第四，具有广泛的群众性。新闻评论一般针对广大人民群众密切关注而又有待深度了解、弄清原委、明辨是非的新闻事件、热门话题。正因为如此，广大群众对新闻评论的思想水平和思辨能力更容易寄予广泛而热切的期待，新闻评论从选题内容到表现形式也都具有更自觉地体察民情、表达民意并适应民众、通俗易懂和易于参与等特点。

二、广播新闻评论

广播新闻评论是利用无线电波技术进行声音传播的一种新闻评论，是广播电台对某一新闻事实的态度和见解。一般分为本台评论、评论员文章（或访谈）、短评、编后话、听众论坛等。

由于广播媒体利用听觉符号系统来传播新闻信息，声音具有转瞬即逝的特点，同时汉语系统中有很多同音字，这些同音字都容易被误听和误解。因此，更重要的是要把新闻话题具体化、实用化，注重论据，形式短小精悍，讲得深刻，充分调动广播的技术和艺术手段增强现场的真实性和感染力。

三、电视新闻评论

电视新闻评论是运用电子技术进行图像和声音传播的一种新闻评论，是电视台对某一新闻事实的态度和见解。电视新闻评论具有可视性，因此真实性更强。电视新闻评论一般有两类：一类是口播评论，由播音员或主持人播报，例如本台评论、短评、编后语等；一类是声画结合、"述""评"结合，在新闻事实图像的展示中进行分析评论，夹叙夹议，例如新闻述评、观众论坛等。

由于电视媒体使用图像、声音和音响等综合符号系统来传播新闻信息，因此它基本上是基于运动图像的视觉媒体，而不是听觉媒体。就电视观众的心理而言，解说员和评论员在屏幕上空发议论是不能容忍的。因此，电视新闻评论在选材上要特别注意，题材要具体，主题要明确，是否与现实密切相关，是否容易引起广大受众的注意；在表演上要注意画面的感染力，吸引观众的视线。

下面，我们以《焦点访谈》为例，来体会一下电视新闻评论的特点及要领。

在我国具有广泛影响的名牌电视新闻评论栏目《焦点访谈》，之所以能够在全国众多电视栏目的竞争中长期独领风骚，其栏目负责人在总结经验时就指出："它始终把选题当作一件重要的事情来做。好的选题是节目成功的一半，也是一个栏目生长的源头活水，选题自身的质量和可操作性，决定着节目的质量。可以说选题的问题是一个栏目在规划自身生存发展时需要解决的第一大问题，这对于《焦点访谈》这个以舆论监督著称的栏目来说尤其重要，甚至是栏目的生命线。"

我们仔细分析《焦点访谈》多年来的选题，可以发现，它始终把握时代脉搏、牢牢抓住社会热点，并且其新闻的切入角度十分新颖，即便是同样的新闻，《焦点访谈》总能找到比别的新闻媒体更深刻、更独特、更吸引观众兴趣的角度。

《焦点访谈》内部有一套独有的选题"绝技"，被称为"选题三原则"，即"政府重视、群众关心、普遍存在"。这是从选题的内容上确保《焦点访谈》成功的首要关键。

众所周知，越是独家新闻，越是具有重要的新闻价值。所以，所有的新闻媒体总是不遗余力地寻找、发现、发掘能独家占有的新闻事实。然而，在信息传播技术高度发展的当今时代，世界的任何新的变动，似乎都随时会立刻暴露在数不清的媒体观察与监视之中，狭义的独家新闻已实属不易。但是，以独特的视角去观察认识新闻事物、解析新闻事实，以独特的角度介入新闻事件并报道新闻事件，尚大有可为。可以说，精心追求切入选题的独特视角是《焦点访谈》在选题上始终能立于不败之地的诀窍。对此，《焦点访谈》的栏目负责人梁增建曾有解析。他指出，好的选题一般有这样几个收视卖点：独家事实、独家观点、独家分析、独家背景、独家人物。在这个信息交汇的时代，独家背景、独家人物显然是难以实现的，因此，我们只能从独家观点和独家分析入手。事实上，《焦点访谈》作为一个舆论监督性质的新闻节目，关键不在于新闻事件的新颖，而在于选题角度的实用性。换句话说，面对新闻事实，节目的报道能否使受众了解新闻背后的实质，能否促进问题的解决。一般认为，主题选择的优劣不影响问题判断的性质。但实际上，不仅有好的和坏的观点，也有对的和错的观点。即便是同一个新闻事件，切入角度的不同，新闻事件的呈现内容往往会天差地别。综观《焦点访谈》的选题角度，大致是从三个方面把握的。

第一，选题角度应以事实为基础。选题角度不仅包括媒体看待问题、分析问题的视角，还包括媒体对事实的筛选和事实的结合的视角。不应该忽视事实，更不应该凭空捏造。社会上有很多报道存在定位问题，并非缺乏对职业素养和社会公德的认识，而是因为选题不当、角度不当，都是由于记者对事实的误解。

第二，选题角度应以政策为依据。我国一切新闻媒体都必须坚持党性，这就意味着新闻媒体必须严格遵守党和国家的方针政策。这些方针政策不仅包括长久以来的各项法律法规、宣传路线，也包括在一段时间里的政策、会议精神等。

第三，选题角度应以独到为目标。在遵循新闻真实性原则和党性原则的前提下，《焦点访谈》十分注重新闻选题角度的独特。这里独特的选择角度并不是指刁钻晦涩，而是越准确越深入越好。这种独特角度的选题往往既能够吸引受众的关注，又能发挥出很高的新闻价值。

再有，完善制度是《焦点访谈》选题成功的重要保证。选题作为新闻报道的初始环节是至关重要的，特别是对于舆论监督性质的新闻节目，倘若第一环节出错，可谓"一步错，步步错"，后果十分严重。因此，必须注重选题工作，牢牢把握以民意为导向的第一环节。选题得当，节目的整体报道就会显得主动、顺利，最终取得良好的传播效果。而一个错误的选题，一旦决定实施，就会造成人力、财力等多方面的资源浪费，甚至造成不良的社会影响，使工作陷于被动。在一定程度上，可以说选题审查比节目审查更有价值，既节省了大量时间和资源，又能在根源上杜绝劣质选题的诞生。《焦点访谈》的内部管理制度是十分严格的，这种制度的建立，首先是从选题申报制度作为起点的。

第一，选题的"预警"机制。调查显示，《焦点访谈》所有的来信、来电、来访中，主要可分为三种类型。有一半左右反映的是常年的"热点"问题——腐败，一部分反映的是个人利益受到侵害的问题。这两个问题可以说是老百姓长期关注的问题。剩下的一部分问题具有不确定性，每个时期、每个时段反映的问题都会发生变化，而这部分就是潜在的"热点"新闻，也是《焦点访谈》"预警"的方面。因此，长期以来，《焦点访谈》对这部分不确定、变化的问题十分关注，对其进行系统性规划和科学分析，若同一类现象连续3天每天观众反映的线索超过50条，策划人员就会建立专档，指定专人监控，并进行调查、分析，如果有报道价值，则会从中筛选报道选题。

第二，选题的筛选机制。线索众多是高质量主题的基础。大量的线索并非全部有用，但必须对每一条都进行筛选。为此，《焦点访谈》确立了选题筛选分工负责的做法。《焦点访谈》中心专门设立专人处理群众来信、电话、电子邮件和群众来访。首先，每周的信件必须在这一周内处理；热线接听从上午8:30到晚上9:00；每日邮件必须当日查看；随时接待来访者。其次，空闲的工作人员需要帮忙处理热线电话和群众来信。最后，策划人员必须每个工作日提交一份选题报告和 3～5 个可供选用的选题。这样复杂繁琐的选题筛选工作不仅保证了《焦点访谈》的选题质量，也为《焦点访谈》慢慢培养起了一个专业素质极高的选题团队。

第三，选题的储备机制。许多人常常对焦点访谈的快速反应感到惊叹——只要中央出台了重大政策，它能够很快找到一个非常生动的案例来解释和表达。事实上，这是由于《焦点访谈》建立了选题储备制度。观众提供了很多线索，尽管有许多有价值的选题可供选择，但这并不意味着可以立即实施。事实上，由于种种原因，大部分选题都是无法立即选用的。此外，《焦点访谈》在播出舆论监督的节目时，受众往往反映出大量类似问题的线索，具有较高的利用率和参考价值。但显然，栏目不适合在短期内重复同一个选题。因此，焦点访谈实行后备制度。对有价值的观众来信写摘要登记；所有的观众来电都要做记录备查；所有的观众来访都要登记；有价值的电子邮件都要下载复制存盘。此外，所有记者发表的报道和专题按类别、地区和其他项目输入计算机，由专人管理，保存时间至少 6 个月。对于一些热点问题，观众反映强烈，提供了很多报道线索，但是，如果短期内还没有做好运行准备，节目组会选择一些有代表性的案例进行归档，为以后的报告做准备。对于一些特殊和敏感的话题，由于宣传情况的要求，可能不会在短时间内上报，《焦点访谈》会采用重点存储方法，由专门负责人与举报者保持联系，时机成熟后，及时了解进展情况，立即展开选题。

第四，选题的论证机制。选题论证是确立选题的最重要环节，《焦点访谈》对于每一个选题都会进行反复论证，确认其可行性。选题论证的要点包括多个方面：一是选题是否符合党性原则，即是否符合党和国家的法律法规、政策、方针、路线及会议精神等；二是选题是否遵循了真实性原则，即选题的内容是否已经能够确保真实，是否存在疑点和不确定性；三是选题是否具有普遍性；四是选题的流程是否符合行业规范；五是选题在报道后是否具有足够的新闻价值。

第五，选题的优化机制。值得注意的是，选题通过并不意味着选题可以进行新闻制作并播出，在层层把关之下通过的选题仍然需要优中选优。《焦点访谈》也建立了分级考核、严格把关的机制。第一步是记者核实。选题通过后，记者需要进行实际的采访或拍摄，在此过程中倘若发现有事实模糊或其他难以继续进行新闻报道的问题，需立即与上级负责人沟通，确定是否放弃该选题。第二步是制片人和部主任进行二度审核。在记者采访、摄录完毕后，制片人和部主任必须对采访和摄录内容进行仔细核查。第三步由主管台领导负责终审。主管台领导要综合考虑政治因素、社会影响及制作水平等多方面因素来决定是否采用。《焦点访谈》正是经过了严格的三层把关，才做出如此高质量的节目。落实"三关"机制，是确保《焦点访谈》正确报道方向和播出安全的重要手段。

作为电视解说评论节目，在创作中还需时时记住，电视解说评论，既是"听的"新闻，更是"看的"新闻。为了发挥这一特性，对于解说评论的内容，在表现形式上，还应努力运用各种手段，以增强视觉感。例如：运用录像和影像资料、照片等再现新闻事件；利用地图明示新闻事件发生的场所；对复杂的新闻事件的背景进行简单的图解；对经济问题等，利用统计图表、数据等加以显示。

总之，要善于将口头解说评论与形象感人、有趣的视觉图像资料有机融合起来，要善于将抽象的解说评论内容化为形象的可见可视的屏幕内容。在解说评论节目的主持形式上也应注意多样性，注重体现权威性。既可是一人单独解说评论，也可是两三人对讲或讨论。必要时，可请有关方面专家、权威人士直接解说评论，或参加对答式、讨论式的解说评论。

第三节 广播电视新闻访谈与现场报道

广播电视新闻报道体裁是不断发展变化的,它不但借鉴了文字新闻报道的体裁,例如消息报道、深度报道等,还根据自身的特点和优势,形成了自身独有的方式,例如访谈类新闻报道与现场报道就是广播电视媒体所特有的报道样式。

一、广播电视新闻访谈

广播新闻访谈,是记者对新闻人物或有关部门进行的专题访问的报道。这种报道形式是通过一对一或一对多的"提问—回答"方式,对某一新闻事件、新闻话题进行深度挖掘与阐释,具有深刻性、思辨性的特点。

与广播新闻访谈相比,电视新闻访谈的优势在于其又多了一种形象说理的手段——画面。广播访谈类节目是"只闻其声,不见其人",由于传播载体的限制,在诸多方面很难有大的自由发挥空间。而电视新闻访谈不仅可以"绘声",还可以"绘色",主持人或者访谈者通过屏幕直接面对观众,以形、声、情、态等表现手段,引导观众从中接收信息并作出判断,它所形成的感染力和说服力是其他媒介所难以企及的。

(一)广播新闻访谈

1. 广播新闻访谈的话题和形式

广播新闻访谈的话题,通常选用近期新闻或社会热点问题,以广播手段进行传播。访谈话题的内容形式一般分为几个步骤:先介绍新闻的背景,再对新闻事件进行深入分析,然后对其趋势进行合理推测,最后收集公众意见。从我国近年来的广播新闻访谈话题实践来看,其表现特征大致可以分为四类。

第一,官民对话,政要访谈。邀请政府各级领导来到直播室,就当时的社会热点问题和群众关心的话题，为广大听众提供了直接与政府高级官员对话、交流的可能，同时也使各级领导得以直接倾听群众的意见、呼声和对各项工作的建议。

第二，新闻事件评论与分析。针对某一新闻事件，在访谈中展开评论与分析，既有利于从主持人和参与访谈嘉宾的不同角度反映情况与意见，又有利于使受众了解来龙去脉、前因后果，再通过自身的思考，作出应有的判断和决策，尤其是对一些突发性新闻事件，具有很好的传播效果。

第三，关注经济和社会发展。由于我国处于经济体制转型阶段，一系列经济和社会发展问题伴随产生，与广大民众的切身利益息息相关，避免不了民众会有困惑、失落与矛盾，所以也是历年来节目较多谈及的话题，例如就业问题、社会保障机制、企业改革、知识经济带给我们怎样的机遇和挑战、如何全面落实素质教育等。

第四，生活方式漫谈。当今的社会正日益呈现出多元化的趋势，不同的人有不同的处事态度、生活方式和行为特征，对于一项新鲜的事物，人们的观点迥然各异。这种广泛的差异正好成为访谈类节目选题的有利因素，透过新闻访谈的平台，不同见解的碰撞巧妙地形成一种交流和沟通，从而得到受众的青睐。

2. 广播新闻访谈的运作要领

做好新闻采访的播出工作，一方面要明确节目生存的基础是什么，即新闻性和时效性；另一方面在节目的具体操作中，要考虑如何始终不偏离主题，且不失思想性和严肃性。

第一，紧扣新闻事件，把握社会和时代的脉搏。首先要注重新闻的真实性，在此基础上，主持人应该从观众的心理出发，思考观众关注的是什么？有什么问题？抓住受众心理是新闻访谈的关键。

第二，心态开放，敢于包容多元观点。文学界说"一千个读者就有一千个哈姆雷特"，这句话同样可以运用到新闻学中来。除开那些立场鲜明的新闻，很多新闻所传递的思想和精神都是多样性的，每个人对于节目的话题都有自己独到的看法，无论是被采访者还是观众的看法都应该被尊重。节目组甚至可以有意设定一些多元化、值得讨论的话题。

第三，驾驭访谈，善于引导。一个开放多元的视角可以增强节目内容的丰富性，但作为节目制作人，不能满足于一时的热闹而放任节目扑朔迷离、迷茫混乱，失去导向。任何话题的争论都只是冰山一角，往往有着深刻的社会、历史和现实背景。因此，节目制作人必须事先掌握大量背景资料，对中国国情、社会状况和舆论有深刻了解。"为什么要说"和"我们到底想说什么"应该是节目制作人把握节目意图的两个要点。访谈节目的主持人责任重大，不仅要负责与嘉宾的谈话内容、与观众的互动来使节目流畅进行，还要保证不能偏离主题，最后深化主题。

上述三条，对于电视新闻访谈来说也是相通的。

（二）电视新闻访谈

电视与广播最大的区别就在于电视是听觉符号和视觉符号体系共同作用的媒体。因此，电视新闻的形象性、真实性、接近性相对来说更强。除遵守上述三条广播新闻访谈的运作要领外，电视新闻访谈还要注重结合自身特点，发挥自身优势。

1. 以主持人为引导的叙述

即充分发挥主持人的引导作用，使访谈更流畅地进行、节目效果更佳。访谈节目是主持人与嘉宾面对面地交流的形式，这就凸显出了主持人在访谈中的重要地位。甚至在很多访谈节目中，主持人已经成为节目的重要标志，例如一提到《实话实说》，我们就会想到崔永元，可以说在很大程度上，崔永元就是《实话实说》的品牌标志。这表明，在进行访谈节目制作时，可以考虑将主持人作为节目品牌来进行重点宣传，从而达到良好的效果。

具体来说，主持人是整个访谈现场的掌控者，起到了纵观全局、把握全场的作用。主持人与嘉宾的交流及和观众的互动过程就是节目的整个过程，这一过程需要主持人来控制，所以主持人的驾驭意识非常重要。主持人是节目的引导者，发挥了舆论导向的作用。主持人在节目中应该发挥正确的舆论导向作用，在与嘉宾及观众的谈话中对同一事件难免会有不同的态度和观点，这个时候就需要主持人明辨是非，恰当地进行点评，对正确的观点予以肯定，对错误的观点就要及时指出并纠正，从而把嘉宾和观众引向正确的舆论。主持人在节目中发挥了归纳的作用，每一期访谈节目都是主持人、嘉宾、观众的一次交流，在交流过程中产生不同观点和意见的碰撞在所难免，主持人的作用就是将各种观点进行归纳总结，将所有符合主题的观点完整地呈现出来。主持人是联系嘉宾和观众的桥梁。主持人要处理好嘉宾与嘉宾，嘉宾与观众的协调问题。

2. 以当事人为主的叙述

论辩式新闻访谈是电视新闻访谈的一种形式，此类访谈通常是邀请处于某种争议、矛盾事件下的双方当事人来节目现场，各自叙述事件的前因后果。

这种亲耳听当事人叙说新闻事件经过的形式能让观众产生强烈的真实感和接近感，由于此类事件都是具有一定争议的，当事人双方的各自叙述往往表达了不同的观点，观众可以在双方的言语争论与思想交锋中独立思考，衍生自己的看法。值得注意的是，主持人要做好辅助作用，根据当事人双方的情绪状态、现场氛围及双方的思维能力等情况进行适当引导，注意把握访谈进程和节目效果。

在此类访谈节目中，虽然当事人是主体，但主持人的作用仍然不可忽视。在访谈开始后，主持人需要发挥语言引导的作用，使当事人双方迅速进入事件之中，达到"昨日重现"般的效果。那么，当事人就会按照日常的生活状态和思维，条理清晰地叙说事件的全部过程，使事件显得更加真实。而观众的心理在双方交代事件过程、言语和思想交锋、主持人进行调解和引导时往往能达到兴奋点，也就增强了节目的收视点。

3. 以画面辅助的叙述

画面也有"说"的功能。画面的"说",实际上是通过画面的内容,经过视觉反馈后引起观众的情感波动,达到"无声胜有声"的境界。例如在央视《面对面》的一期节目中,在对"神舟"六号宇航员费俊龙和聂海胜进行访谈的时候,间隙中会插入"神舟"六号从发射前准备到升天时的种种画面,在这些画面出现时,节目组并没有配任何解说词、主持人也未进行讲解,但观众在看到飞船发射的一瞬间,仿佛回到了当时那令人振奋的时刻,内心既激动又自豪。这种令全国人民热血沸腾的画面,流畅地插入访谈间隙,对观众的触动远超任何语言描述。

需要注意的是,在实际操作中,要根据新闻访谈的定位、安排、主题表现的需要等因素综合考虑单独使用还是综合运用这三项技巧,以便凸显新闻访谈的优势和节目效果。

二、广播电视新闻现场报道

广播电视现场报道是主持人或记者以广播或电视为媒介,在新闻事件现场将新闻事件的发生、发展向观众做口头叙述,同时通过镜头展示现场动态和环境的一种新闻报道体裁,它是最能体现广播电视优势的新闻报道体裁。

(一)广播电视新闻现场报道的特征

广播电视现场报道最显著的优势就是能够对新闻事实进行同步播报,最大化广播电视新闻的时效性特点,充分发挥广播电视的极佳传播效果。

第一,提高新闻时效,使受众产生与事件进展的同步感。我们知道,新闻的时效性是其基本原则之一,重要性不言而喻。而现场报道通过对新闻事件的同步报道,省略了一般新闻报道的制作、审核的繁杂编辑流程,极大地凸显了新闻的时效性,新闻价值很高。

第二,展现事件全貌,使观众产生身临其境的现场感。现场报道的现场就是新闻发生、发展的现场。因此，在现场报道中，由于是同步传播的，观众能够跟随记者一同看到现场的一切人、物、环境和细节。同时，记者在现场的采访，甚至记者本人就是新闻的见证者，会向观众传递出新闻事件的前因后果，仿佛观众身临现场。

第三，面对面直接传播，使观众产生亲信感。记者本身在新闻现场观察并记录了新闻发展的来龙去脉，是最权威的信息源之一。因此，记者向观众展现的现场会让观众产生强烈的信任感和亲切感。

第四，调动有意注意，使观众产生参与感。电视新闻现场报道中，记者必须出镜，把自己当作观众的耳目，与观众面对面地交流，使观众有一种心理上的参与感。

（二）现场报道

广播电视记者在采访现场通过话筒或镜头，采访现场有关人员，解说现场实况，直接交待、播报新闻事实的报道方式。这是最能发挥广播、电视的特长与优势的报道形式之一。

现场报道以新闻现场为基础，即一切以现场为中心，虽然不排斥现场以外的素材，但必须坚持现场的真实；强烈的感染力，用声音或画面展示现场，让观众有身临其境的感觉；对现场信息进行处理和组织，使信息更加有序和集中，通过记者的报道，提供一些录音机或摄像机无法直接记录的信息。

现场报道主题的选择要求场景的时空相对集中。记者可以通过自己的现场采访和报道活动，展示事件的发生、发展和结果。记者还可以以适当的角色进入现场，做为证人和参与者进行报道，从而提高报道的可信度和吸引力。现场是正在进行中、充满悬念和未知的，而记者的采访报道是以未知为基础的，向观众展示采访过程也是探寻真相的过程，这比单一事件新闻主题更吸引受众。现场丰富的音频资源也会加强真实性和感染力。

现场报道的结构形式主要有两种，其一，线索单一的时序结构。按新闻事件发生、发展的时间顺序安排，记者的叙事与事件的客观进程一致，便于受众了解新闻事件的来龙去脉。其二，导引结构。由记者对新闻事件的概况做简要介绍，唤起受众的兴趣，再把报道内容转到现场事态，进一步在现场挖掘新闻事件。

（三）**现场直播**

现场直播是指在现场把新闻事实的图像、声音及记者报道、采访等转换为广播或电视信号直接发射的即时播出方式，就新闻事件来说，它既是报道方式也是播出的节目。现场直播与事件保持同步，具有最高的时效性和真实性，能够同步反映一个事件或活动的整个过程。它主要采用现场图片或音、视频，加上记者的客观描述，给观众带来身临其境的感觉。可以说，现场直播是体现广播电视特点最合适的方式。

现场直播可以分为两类：一类是重大活动的直播。它包括艺术、体育、大型会议和大型庆典等重要活动。这类活动有一般规则，那就是可以提前预测。此类活动可以根据需要提前组织直播，例如晚会、足球赛、人大开幕式等。主持人可以提前准备，导播可以提前准备广播文本。二是新闻直播。它是指对正在发生的新闻事件通过电视直接播出，事件的发展过程都是同步传送的。除了镜头的变化，没有其他包装。主持人也只能现场临时发挥进行报道。事件的不可预测性、不可控制性和新闻事件的突发性是电视新闻直播的特点、难点。

第八章 媒体融合对广播电视新闻的影响

第一节 媒体融合对广播电视记者的要求和影响

广播电视新闻记者是环境的监测者、社会规范的解释者、社会文化的传承者及大众娱乐的提供者。在很长一段时间内,新闻记者一直承担着这些职能要求,以信息传播的方式影响和改变着社会生活。技术的变革带来新旧媒体间的融合发展,广播电视新闻记者在变化的传播环境中,也必然顺应时代需求,调整其职能。

一、海量信息的整合者

拉斯韦尔的传播"三功能说"与赖特的传播"四功能说"一直是传播学中对新闻传播活动功能的经典概括,而两者的共通之处便在于新闻传播的环境监测功能。新闻记者通过收集和传达信息的活动来满足社会公众各方面的信息需要,这是广播电视新闻记者的基本职能。而现在在海量的信息中,广播电视记者作为信息提供者的职能依然排在首位,且由于大量公民记者积极参与到广播电视新闻的采集和传播中来,广播电视记者对海量信息的整合的职能得以凸显。

在媒体融合这场数字化浪潮中,信息载体与传播渠道的剧增,海量的信息传播呈现"碎片化"和"去中心化"的趋势。在顺应媒体融合的浪潮中,传统广播电视媒体的优势不容忽视,其内容生产的专业性地位无可替代。但与此同时，简单的浅层线性信息提供已不能满足个性化信息的需求，内容生产向信息整合是广播电视媒体的优势转型。这就给我们的新闻记者提出了新的要求，即信息的整合优化能力。

通过对新闻信息的重新整合和在不同媒介的分配，进一步提高内容的质量与价值。对于广播电视记者来说，就是将不同的媒介载体当作一体化的传播终端，以此来进行信息的内容整合，进而传递给受众。他们需要用最全面的多媒体工具完成信息的采集与加工，还需要根据受众的特点来组合新闻，根据受众要求来开发不同的增值服务，选择合适的传播媒介发布，实现传播效果的最大化，完成新闻记者信息传播的基本职能。

在新的媒介环境下，传统广播电视媒体的新闻传播将不再是信息的简单提供，而是筛选、组合、排列，达到新闻信息 1+1 > 2 的效果。尤其是没有受过职业训练的公民记者采集的新闻汇集于互联网、广电网，量大面广，庞杂琐碎，如果对这些来源广泛的新闻信息进行适度整合，不仅便于受众浏览收看，而且能在信息的分类和链接处理后发挥信息量倍增的传播效果。比如同类信息的及时整合，能让不同点的信息整合为一条相对完整的面上的信息；详略信息的有效整合，能让同一主题的信息既有动态的及时播报，又有进一步的深度挖掘。在选择和整合新闻的过程中，传统的电视新闻记者经过了专业的训练，有完备的新闻传播理论、知识素养和必要的新闻采写技能，有一定的新闻选择标准，能够在信息的海洋中把握事实、新闻观点和视角，保证广播电视新闻的品质。在新闻表现形式上，采取图、文、音频、视频相结合，以多媒体播报方式，充分发挥媒体融合的渠道和平台优势。同时，还借助网络传播互动性强的特点，开设短信平台、电话热线、网上留言等方式，与受众进行充分的互动。

二、公共议题的主导者

媒体融合背景下，普通公众加入广播电视新闻记者行列中，他们关注并披露了许多社会公共事务，引导社会舆论的发展，推动我国传统媒体改进新闻报道方式和报道内容，深刻地影响着我国社会民主化的进程。传统的电视新闻记者在传播的网络化与全球化过程中，凭借主流媒体的优势，在公共议题的形成与发展中仍然占据重要位置。

早在1972年，美国传播学家M.E.麦库姆斯和唐纳德·肖就在《大众传播的议程设置功能》一文中提出了"议程设置理论"。该理论认为，大众传播虽然不能决定人们对某一新闻事件的意见或看法，但是可以通过提供信息或安排相关的议题来有效地引导人们关注事实与意见，并左右人们谈论的先后顺序，这也是传媒影响社会的重要方式。同时，"议程设置理论"强调，受众会受大众传媒所提供的议题影响进而改变对事务重要性的认识，为他们的行动提供判断依据。对传播媒介关注得越多，受众的个人议程就越接近传播媒介的议程。[①]

广播电视媒体作为最具影响力和权威性的媒体之一，在引导公众议程方面发挥着重要作用。广播电视媒体的记者以其新闻报道的专业性，对社会现实包括社会问题有着深入的了解和深刻的认识。他们对新闻的把握能够准确地抓住社会现实的脉搏，因而能够迅速引起社会的普遍关注，进而成为公共议题。这些能够引起公众关注并成为公共议题的，既可以是一个具体的事件，也可以是一类由来已久的现象或问题。尤其是对一些存在已久、司空见惯的现象或问题的报道，可以体现职业记者发现新闻的能力。这些现象或问题一旦被报道，迅速引起网友的强烈反响，一时间类似或相关题材的新闻报道会汇集于网络平台，形成集中的社会舆论。比如电视新闻中关注餐桌上的巨大浪费，不仅直指公款消费的政府管理漏洞，也直指民众消费观念的陋习，相关主题的电视新闻会迅速激发观众的报道冲动，于是，一段时间内与"餐桌上的浪费"主题相关的文字、图片、视频新闻迅速在网络平台上汇集。对一些文明风尚的提倡，电视新闻也发挥着及时而有效的引领作用。例如2014年春节期间《新闻联播》

---

① 宫承波、管璘：《传播学史》，中国广播影视出版社2014年版，第343页。

连续播出的"家风是什么"街采报道,引导人们思考这个常被忽略又常留心间的话题,各个家庭纷纷开始讨论这个温馨、轻松而又严肃的话题,各个家庭的讨论和思考,正是电视新闻舆论引导力的生动体现。

随着网友越来越多地介入新闻报道,越来越广泛地成为新闻报道的主体,各类信息汇集于网络平台,或借助媒体融合的渠道发布于融合的网络平台。这些信息有些是在职业记者的报道之后受其影响采集的同类信息,或职业记者报道的延伸,它进一步凸显了职业记者引导舆论的作用和责任;有些是网友率先发现的题材和独立采制的新闻报道,但它们丰富而零乱,加之报道理念的偏差和采访对象选择的不平衡,使得一些报道主题与事实不符,因而需要职业记者通过及时跟进网友的报道,进一步引导舆论。比如网友的情绪往往左右着报道的方向,常常出现情绪化的多数人伤害少数个人的情况。例如2013年3月29日的"地铁面姐事件"在被报纸转发后,引起网友的极端愤慨,网友纷纷要求人肉搜索这位"地铁面姐",甚至有人已开始发起了行动。此时,职业记者通过理性引导,此事件以讨论结束:该如何对待"地铁面姐"?地铁上吃东西理当被谴责、被制止,可否有更恰当的方式表达善意?"地铁面姐"的行为粗暴,我们是否该以暴制暴?

三、公民新闻的把关人

"把关人"概念是美国传播学奠基人之一库尔特·勒温在研究群体信息流通渠道时提出来的。20世纪50年代,传播学学者怀特将"把关人"理论应用于新闻传播,提出了"把关"过程模式。在传统的广播电视媒体中,记者、编辑是主要的传播者和把关人,他们通过层层把关和过滤,将经过加工和选择被认为"恰当"的信息传递给受众。媒体融合时代,公民记者处于"泛在化"的状态,公民新闻的迅猛发展对把关人提出了严峻挑战。

（一）职业记者与公民记者

在传统的电视新闻传播中，电视媒体与受众之间就是单纯的传与受的关系。电视新闻节目全权由电视媒体进行采集、制作和播出，受众无法参与电视新闻的生产环节，仅处于不在场的状态。媒体融合的时代，电视媒体逐渐告别"自上而下"的传播模式，而代之以"自下而上"的传播模式，传播更加个性化、民主化、个人化。电视传播的网络平台，电视终端的交互功能，使传统的电视新闻受众具备成为独立信息传播者的条件，将原本掌握在专业电视媒体手中的话语权授予了普通大众，让普通大众也有了表达自我的声音的权利。受众可以将自己在生活中的所见所闻，通过文字、图片、音频或视频的方式上传到电视新闻共享平台，使电视新闻作品的生产得以打破传统的电视媒体一元传播模式，呈现出媒体专业内容制作与受众自制内容并存的二元形态。

随着政治民主化的推进和以互联网为代表的传播技术的发展，再加上公民传播权利意识的觉醒，以及传统媒体在一些报道上存在着片面和滞后，公民记者的身影越来越频繁地出现在各种新闻事件的报道中，形成一股新兴的新闻传播力量。公民记者一出现，就表现出与传统的职业记者不同的特点。

首先，报道新闻的动机不同。职业记者将采访报道作为维持生存的职业看待，公民记者从事新闻报道的动机则相对个人化。公民记者有自己的职业，报道新闻只是其业余爱好，具有临时性。某个人对某一事实有报道的兴趣并将报道计划付诸实施，他就是记者。若他不再对此事感兴趣，或者对报道其他事实也不再感兴趣，不再采写新闻报道了，他的公民记者身份就终止了。职业记者的报道动机或是宣传好人好事，或是批评监督不良行为和现象，或是客观呈现时事的变化；而公民记者的报道动机相对单一，或呈现令他们感动的人或事，或令他们感到遗憾或愤怒的人或事，公民记者的报道多是呈现社会问题。

其次，报道新闻的立场不同。职业记者秉持新闻专业主义力求报道的客观中立，在报道中能够做到客观呈现事件所涉各方的事实陈述和观点表达，同时也非常注重报道立场与媒体管理者保持一致，坚持"以正面报道为主"的原则，强调舆论导向，而公民记者往往更多地带有明确的个人观点色彩，在涉及官方与民众利益冲突的事件报道中，往往更多地听取民众的意见。

最后，新闻的发布方式不同。职业记者发布新闻时有较严格的渠道限制的程序，在维护其权威性的同时也可能导致新闻信息发布的滞后性，公民记者则可以灵活选择网络、手机或交互电视等自媒体终端进行发布，信息传播更能凸显"第一时间"的时效性。

总体而言，公民记者与专业记者各具优势，媒体融合的实施则为两者的共存与互补提供了一个交互的跨媒体网络平台，两者或将形成合力，促使新闻报道与舆论监督更加完善。

（二）公民记者的平民视角

公民记者无时不在，无处不在，呈现一种"泛在"的状态。他们不是固定的群体，遍及任何地方、任何阶层、任何职业，只要有新闻事实发生，就有可能被他们记录并进行非专业的报道。他们往往处于事件发生的第一现场，是深入第一现场的最有发言权的人，因为常常是突发事件的亲历者或目击者，他们有条件获得最为鲜活的第一手新闻素材，加上他们有自主报道的兴趣和热情，因而成为职业记者缺场时的最佳补充。由于他们采取客观记录事实的报道方式，因而在很多时候即使有职业记者在场，公民记者也会赢得很多受众。正是公民记者的广泛存在并发挥着越来越积极的作用，"人人都是记者"才从可能变成有了充分的现实依据。

公民记者所做的报道被称之为公民新闻。其内容主要包括三类：一是突发事件，它们是受众关注度最高的新闻事件。突发事件往往是最能广泛吸引记者的新闻事件，但并非所有的突发事件现场都会有职业记者及时出现，即使到场也不可能同时出现在现场的每一个地方。记者到场的滞后及缺场给事件当事人、目击者、知情人等提供了第一时间记录并报道突发事件的空间。

二是奇闻趣事，它们也是吸引受众关注的重要内容。公民将其所见所闻中自认为有趣或有特点的人或事，包括新奇的人或事、令人感动的人或事，上传与人分享。例如街头温馨的一幕、小人物饱经挫折不言放弃的故事等。三是问题性事实，它们往往表现为存在一些时日却被传统媒体"忽视"的事实。这类事实易被草根的公民记者关注，主要是因为它们常常被同样草根的普通公众关注和议论，是众议集中的话题。例如2013年春，黄浦江上漂浮着大量死猪的新闻，最早来自网友"少林寺的猪1986"的博客，这篇图文博客显示，大量死猪或是伴随着垃圾漂浮在水面上，或是搁浅在河边的乱石堆中，其中仅一幅图片中就至少有7头死猪。图片的文字说明中写道：这就是我们喝的水，江里到处可见动物的尸体，附近恶臭连连，这种事情已经不是一次两次了。当职业记者对这类由来已久的问题性事实"视而不见"时，公民记者通过手机、笔记本电脑、数码DV等工具，记录事实画面并通过自己的互动电视终端，将之上传到媒体融合后的电视新闻平台。

新媒体多向式、发散式传播，每个人既是传播者又是受众。人们尽管享受网络传播的种种便利，但是对网络媒体的信任度却不高，常常在传统纸质媒体、广播、电视上求证网络信息。关于传统的"把关人"角色在新的环境下是否还存在的讨论一直延续着。

媒体融合后，具备即时交互功能的电视终端使普通受众同样可以成为信息的发布者，传统的把关控制过程难以奏效。当受众通过个人化媒介终端发布信息或对新闻进行实时评论反馈，传统的把关控制过程难以完成，随之导致传统把关人定位的变化、把关侧重点的转移、把关内容的调整等将成为媒体融合后电视新闻传播把关环节研究的重点问题。在新的传播环境下，我们应该重新审视传统电视新闻的把关模式，建立一个由传播者内在自律和广电、电信双重"把关"外在他律的社会化复合把关体系。媒体融合之后，传统的电视记者除了自己采制新闻外，还承担一个非常重要的职责，就是对来自公民记者发布的信息把关。他们将对网友提供的信息进行梳理，从事实的真实性、准确性、报道的平衡性、舆论导向性等方面予以把关，从而维护和提高媒体融合之后电视新闻的品质。

第二节 媒体融合对广播新闻传播的影响

媒体融合为传统电台带来了新的增长点，其中尤以网络电台的发展最引人注目。网络电台借助宽带网络向受众提供包括在线收听、下载、上传与RSS聚合等多样服务，兼备广播和网络的优势，使广播业获得新的发展机遇。中国互联网络信息中心发布的第43次《中国互联网络发展状况统计报告》显示，截至2018年12月，中国网民的人数规模达8.29亿，手机网民规模达8.17亿，较之于2017年年底，网民中使用手机上网的占比提升至98.6%，而网民在电子移动终端设备的各类应用使用率中，网络电台（包含音乐）的使用率逐年上升，达到69.5%。[1]

一、网络电台的类型

由于创建网络电台技术门槛不高，引得公司机构、社会团体或个人纷纷涉足。根据开办主体不同，我国网络广播可划分为以下3种类型。

（一）传统类广播电台

传统广播电视媒体拥有丰富的音频、视频信息，为发展网络广播奠定了良好的基础。继1996年珠江经济广播电台开办了广播网站后，我国内地从中央到各省市、地方电台，共有29个省级台和123个地市级电台开办了网络电台，300余套广播频率实现了网上直播。此类网络广播专业性较强，基本是

---

[1] 中国互联网络信息中心（CNNIC）：《第43次〈中国互联网络发展状况统计报告〉》，http://www.cnnic.cn/gywm/xwzx/rdxw/20172017_7056/201902/t20190228_70643.htm。

把原广播频率的节目在网上实时广播或在线点播,或配以文字、图片信息,另一种就是选择优质节目重新编排整合,受众分段点播。例如 2001 年北京人民广播电台所成立的北京广播网,用户可以通过听吧、播播视频、广播回放、视频直播等栏目收听到北京电台 26 个频道播出过的 11 大类、3 万多小时、11 万个节目。这一类型以中央人民广播电台主办的中国广播网和中国国际广播电台主办的国际在线发展得最为成熟。

(二)网站平台广播

该类型网络电台依托商业网站,属于公司整体战略规划中的一项产业。例如猫扑电台、豆瓣电台、人人电台、豆瓣 FM、虾米电台,或者大型门户网站旗下的新浪微电台、QQ 音乐电台等。也有一些独立的网络电台创业项目,内容以音乐为主,根据收听习惯推测出听众喜好,对音乐风格分类,以其清新的风格和轻松的氛围吸引了年轻人为主的受众群体。

(三)个人网络电台

这一类网络广播电台不以营利为目的,多是广播爱好者基于自己的兴趣自制广播节目与网友分享,节目形式以主持人脱口秀为主,偏重娱乐、音乐和情感、心理和社会问题。早期这种个人广播电台多以博客、播客、个人网页的形式出现。2012 年之后,喜马拉雅网、荔枝 FM、纯白网络电台、半岛网络电台、多听 FM 等较有影响力的"聚合内容"型网络电台不断涌现,个人广播电台逐渐转移到此类网络电台上,并得到了专业化发展。以喜马拉雅中的"糗事百科"电台为例,其现已形成完整的专业化电台模式和固定的节目播出模式,节目每天更新,每一档节目都有特定的主持人,在特殊的节假日还会安排特殊节目,按月份做成主播专辑。此类电台由于资金、设备、技术有限,节目质量和影响力与前两类网络广播电台相比较弱。

二、网络电台对传统电台的颠覆与创新

作为一种新型广播形态,网络电台不仅克服了传统广播传播形态的地域性限制、不能定向收听及保存性、选择性较差等不足,而且更加便捷地在传播者与受众之间形成互动,具有全新媒介的体验。

(一)内容创新

相比传统电台大众传播的模式,网络电台更侧重小众传播,即以多样化的内容对受众细分。除了音乐、情感、体育等内容,网络电台还包括时事新闻节目录播、相声小品、经典小说、电视剧连载、业内人士访谈节目、心理节目等,满足不同受众人群的需求。UGC 的生产模式更是改变了之前专业产生内容的纯媒体模式,为网络电台增加了个性色彩。当前比较知名的喜马拉雅、荔枝 FM 等聚合类网络电台均采用这种生产模式,每个用户都可以录制或上传节目,组建自己的"电台",其中喜马拉雅内容的 60% 来自用户创造。

(二)个性化

互联网时代,受众不再是大众的一部分,而是一种可以进行自我选择的网络成员,注重信息的个人化搜寻和共享。网络电台提供给受众多样的个性化服务。仍以喜马拉雅电台为例,在内容上,受众可点击"发现"按钮寻找自己感兴趣的类别进行收听,每个类别中包含多个个人电台及热门声音和电台专辑,每个个人电台下方有简单介绍方便用户选择。用户可按照自己的喜好设定一张个性化的节目单,既可以在线收听,也可以选择在数字信息库中下载收听,并能在页面上发表评论。广播发烧友还可依据自己意愿编制节目表,创建广播电台。喜马拉雅设计的"关注流推送"方式,能自动推送受众所关注的个人电台的声音更新,关注的个人电台不同,个人中心收到的关注流页面就不同,相当于专属的个性化电台。

（三）超强互动性

网络电台最突出的特征就是超强的互动性。网络的交互性特点使新闻节目能通过聊天室、论坛、微博等途径实现与听众的互动与沟通。调查发现，网络电台的主页大多设有"直播互动"类的专栏，在节目开始后，网友即可进入平台与主持人、嘉宾及其他网友们进行互动沟通。大家交流的话题可以是主持人事先准备好的、网友们投票决定的、平台提供的，或者是临时商议决定的。网友可以就话题发表自己的看法，与其他人交换意见，互动性与参与感极强。相对于传统电台的热线电话、手机短信等互动渠道，网络电台的互动方式显然更加直接和便捷。传统电台由于话题往往是早就确定好的，且主体性较强，听众意见大多时候只是作为主题观点的补充，而网络电台可谓是畅所欲言，话题选择较自由，网友的参与积极性很高。

三、媒体融合态势下网络电台及广播新闻发展趋势

随着 4G 网络和 Wi-Fi 的普及，手机已成为当前最重要的媒介之一。移动终端因其自身与广播契合的移动特性而备受关注，以互联网、移动互联网为代表的新媒体产业将成为广播业产业化布局的未来重点。网络广播从原始的单一频道搜索，逐渐延伸为一个聚合微博、微信、客户端的终端集合。

（一）移动化、平台化

手机用户对新闻资讯的需求非常高，传统广播有着强大的节目资源，应根据手机个性化特点探索适合手机广播传播特性的节目形式，通过分类、切片、加标签的处理，制作成适合手机广播用户收听的短小精悍的节目，定时推送语音新闻、股票行情、交通信息等资讯，满足用户个性化的需求。随着智能手机的普及，手机新闻客户端成为手机用户获取新闻的重要渠道。广播终端向智能终端的发展，使广大受众能够更便捷地接收数字化和网络化的广播内容。近年来，以中央电台为首的诸多电台都愈加重视智能终端的建设，

纷纷开发出基于iOS和Android两大智能手机操作系统的手机客户端，增加了用户量，也方便了受众收听。喜马拉雅FM、企鹅FM等手机客户端的电台也加强了算法，对网络资源进行有序化整理、分类，建设内容集约的各类新闻版块，更加方便特定受众的收听。相对于传统电台来说，即便是收音机这样的便携设备也远不如小巧灵便的手机方便，用户只需要利用普及的网络下载客户端即可随时、随地、随身收听新闻资讯。

另外，广播媒体可将新闻或分类服务信息以手机报、彩信的形式发布，或利用手机移动互联网，向用户提供手机在线收听收看图文及音、视频的服务。例如，中央电台依托经典品牌栏目《新闻和报纸摘要》，推出了栏目的同名手机报（国内第一份有声手机报）。国际电台推出移动国际在线业务、基于iPhone平台的应用程序和基于移动互联网的网页版服务。手机用户通过访问其手机网站，就可获得包括时政、财经、影视等新闻的英语内容。

（二）社交化

社会学理论认为，人是群体交往动物，喜欢交流，并渴望从信息交流中实现各种愿望，获得满足。技术的进步推动社会交往方式的变革，北京电台创建的菠萝台在此方面做出了卓有成效的创新。菠萝台是国内首家支持多路节目混排、自定义播放时间、节目内容及时更新的网络电台，虚拟社区化是其一大特色。在菠萝台娱乐、体育等板块集结了众多相同志趣的用户，形成融合个人性和公共性的交互性虚拟社区，用户可以相互收藏、转发、评论，一方面通过拆分、组装、整合、推送自己的电台，提供共享信息来获得"社区"的认可；另一方面通过使用别人提供的菠萝台来判断其兴趣趋向、品位和个性，并形成以此为主题的"圈子"。

用户黏性是广播电台长期发展的重要保证。因此，有必要通过改善广播电台的实用性功能和易用性能力来更好地为受众提供信息。以美国哥伦比亚广播公司旗下的各地方性电台网站为例，其深入调查网民需求，特别是关注本地民众的需要，为本地听众提供各类服务信息，包括气象情况、旅游咨询、餐饮推荐、娱乐信息等，建设成为一个充满本地特色和服务性质的广播网站，给用户生活带来便利，让用户真切感受到其重要作用，使用户产生了信任感和依赖性。鉴于此，国内很多广播电视台也尝试开展广播团购、广播网络购物等服务型业务，例如长沙电台快乐886购物频道通过有资讯、有互动、有服务的城市时尚消费节目内容，从车食住行四大板块为听众提供生活资讯和消费攻略，打造空中购物平台。

每一种新的媒介技术的使用和普及，都在其特殊的社会文化背景之中形成了一种全新的交流构型。网络电台的兴盛和发展，不仅代表着广播新闻传播形态的改变，更代表了广播新闻观念、新闻内容、新闻生产方式的变革。随着技术的不断进步，网络电台将从聚合用户参与的自媒体向整合各种功能的全媒体、融入智慧生活的智媒体发展，从媒介终端向媒体平台化延伸。在与电信网、互联网融合的基础上与物联网高度融合，构建起基于移动智能交互技术，服务于公共安全、社会管理、城市交通、文化教育，内容共享、共建、共赢的服务平台。打破原有传播边界的广播在网络时代又焕发出新的生机。

第三节　媒体融合对电视新闻传播的影响

随着电脑、手机等新媒体平台的产生，媒体融合是大势所趋。在此形势下，受众对于新闻节目内容的要求越来越高，其中最先凸显出来的就是对新闻节目数量的需求量增大。这就要求电视产业必须扩大其新闻生产能力，拓展新闻传播渠道。事实上，受众对新闻需求量的增加，对传统电视新闻产业发展并没有实质性的帮助，这只是一个充分条件，而必要条件在于节目内容的改变。

一、新闻内容极大延伸

新闻竞争首先表现为新闻题材的竞争，其次才是报道方式的问题。无论是事件新闻还是话题新闻,报道内容的选择显示了媒体的报道视野,也显示了媒体的报道能力。媒体融合下的广播电视新闻报道的题材资源突破了记者的局限,得到了极大的拓展和延伸。

(一)题材内容的拓展

双向准入后,电信运营商、网络媒体等主体将介入电视内容的生产领域,试图与传统电视媒体分一杯羹。虽然电视媒体目前仍掌握着绝对的内容优势和内容资源,但要持续领跑竞争格局,内容创新势在必行。

电视新闻节目作为电视媒体最重要的信息传播形式和内容产品,"内容为王,创新制胜"同样是其发展的必由之路。题材的创新是电视新闻节目创新的首要环节,正如艾丰所说:"记者首先要选对了庙,拜对了神,烧对了香,走对了门。"[1]我国传统电视新闻节目长期存在着重政治宣传、宏大叙事和典型事例的选题倾向,已经越来越不能满足现代信息传播发展的需要。有网友曾调侃地用 3 句话概括《新闻联播》30 分钟的内容:前面 10 分钟国家领导人很忙,要么出国要么下乡;中间 10 分钟全国人民很幸福,要么丰收要么致富;后面 10 分钟外国很惨,不是天灾就是人祸。虽然有失偏颇,但也一定程度上反映了广大受众对传统电视新闻节目内容题材创新的迫切希望。

那么,电视新闻节目应该如何突破传统的题材局限,实现报道内容的多样化和创新化?如前文所述,媒体融合后电视新闻传播的信源主体逐渐由大众媒介和专门机构向普在的社会公众延伸,新闻来源的渠道也日益扩展,而由此带来的海量信息资源也将成为电视新闻节目取之不尽用之不竭的题材宝库。虽然这些来源广泛的信息资源,无论在专业性、权威性还是思想政治高度上都无法与传统电视新闻并肩,但电视媒体如果能够巧妙地吸收和利用这些来自广大民众现实生活的生动素材,将是对现有电视新闻节目题材局限的突破,使电视新闻变得更有亲和力和新鲜感。

---

[1] 艾丰:《新闻采访方法论》,人民日报出版社 1996 年版,第 320 页。

（二）网络选题的应用

实际上，交互式新闻平台（包括互联网平台）的内容资源优势和广大受众在新闻报道能力上的潜质，很早就开始得到各国电视媒体的重视和开发。比如，美国有线电视新闻网（CNN）有一个专设的栏目叫"我为 CNN 报道"（iReport for CNN），这个栏目所有的报道皆取材于公众在 CNN 网站上所上传的新闻内容，并且 CNN 还会选择其中价值重大的新闻素材和独家内容在其他的新闻栏目中播出。比如，2010 年 CNN 对海地地震的报道，众多的独家新闻就是来源于公众通过 CNN 网络平台上传的第一手灾情资料。

近年来，在我国来源于网络平台的新闻内容也越来越多地见于传统媒体。很多新闻事件都发端于网络，成为网民的热议话题，然后电视等大众传媒介入进行报道。网络信息资源已然成为电视媒体新闻选材的重要来源，包括电视在内的传统媒体可以通过网络信息平台获取众多的社会热点新闻。

媒体融合后，电视媒体对于网络新闻题材的获取将变得更为直接和便捷，得益于广播电视网、互联网、电信网之间的互联互通，电视新闻对网络信息资源的获取将由原来的"社会信源—互联网—电视媒体"转变为"社会信源—电视媒体"，电视媒体将能够直接接触到更多的公民新闻素材，也能够更迅速地对其做出选择和反应。同时，电视媒体采用公民新闻内容作为题材的报道，其与民众的天然亲和性，使之更容易获得受众的普遍关注；反之，如果忽视公众所关注的议题，电视新闻节目或许会因为选题"曲高和寡"而达不到应有的传播效果。

二、新闻视角更加多元

新闻每天发生，视角各不相同。即使面对同题竞争，只要视角独到就能使新闻报道更胜一筹。关门做新闻，记者的报道视角立判高下。开门做新闻，全民视角供媒体挑选，体现的是媒体的专业视角。媒体融合下的广播电视新闻因为更广泛的受众参与而呈现更多元的报道视角，更丰富的呈现方式。

(一)不同的视角,不同的呈现

关于媒体融合下电视新闻的内容创新,一方面,电视媒体应该在横向维度上拓展新闻内容的题材范围;另一方面,对于相同选题的同质竞争,电视媒体还应该在纵向维度上加强报道视角的创新。所谓报道视角,即新闻报道撰写者选择呈现新闻的角度,"横看成岭侧成峰,远近高低各不同",一件新闻事实摆在那里,如果用习以为常的角度去看,可能不觉得有什么意思了,可当你换个方向或角度再审视这件事的时候,它可能就突然有了意义,有了灵魂。因此,同一个新闻事实将会呈现怎样不同的色彩,取决于你用什么眼光去发现,从什么角度去表达,而唯有创新,才能超越旧的报道角度,发现新的内蕴价值。

新闻视角的创新既可以来自大众传媒系统内部,也可以来自更多样、更新鲜、更全景化的公民视域。过去,我国传统的电视新闻尤其是时政新闻的报道视角常常是一种俯视的视角,很多新闻都是围绕领导在转,围绕宣传在转,不少新闻报道成了工作总结,成了政绩秀,而对人民群众企盼什么、关心什么、呼吁什么,报道甚少。这样一种俯视的报道视角不仅与全球媒介的发展趋势和媒体融合下电视媒体更加开放、平等、多元的发展要求相违背,也是广大人民群众所不欢迎的,所幸我国的电视新闻媒体已经从系统内开始改变。例如,2010年来全国新闻界开始开展"走基层、转作风、改文风"活动,中央电视台率先推出了《候车室里的快乐值班员》《皮里村蹲点日记》《关注城市环卫工人》《先心病患儿小央金的新学期》等走基层系列报道,这些报道一改居高临下的俯视视角,大量运用平等沟通的平视视角,使越来越多的基层新闻走上荧幕,让越来越多的普通人成为新闻主角。在媒体融合的平等传播语境下,电视新闻媒体唯有采用与人民群众平等的视角去看待问题,呈现问题,新闻报道才能更多地获得他们的认同,取得良好的传播效果。

（二）立体的视角，全景的视域

除了传统媒体内部发起的"走基层、转作风、改文风"活动的号召和影响，媒体融合下来自公民新闻多样化的立体传播视角是另一个促使电视新闻报道视角转变的关键动因。

对于一个纷繁复杂、每天都有无数新闻事件上演的社会环境来说，从某一个公民的新闻视角出发他能看到的和能呈现的大概仅仅是一个人、一个家庭、一个小区、一个单位、一个城市所见证的新闻事件，同时还会因个人经历、情感因素、现场环境等而随时发生改变。但就是这种看似单一、私人、狭隘的个人公民视角，面对新闻事件，如果将无数个这种异质新闻视角所呈现的新闻表达聚合在一起，反而能够最立体、最真实地拼合出新闻事实的全貌。

正是媒体融合下的交互式新闻共享平台，使这种立体化新闻视角得以实现。不同于俯视视角的居高临下和平视视角的细致深入，立体化新闻视角的优势在于对细节真实的有机组合和链接重构。在开放的信息平台上，所有关注和了解新闻事件的公众都可以通过互动新闻传播渠道，上传他所掌握的那一片新闻碎片，可能是有用线索，也可能是无用或虚假的信息，但毋庸置疑的是这无数的新闻碎片背后必然散落着事件的真相。电视媒体在这里所扮演的角色则是去伪存真、黏合碎片，得以纵观和把握新闻全景的拼图人。广大民众所提供的更多样、更新鲜的新闻视角将成为对专业媒体新闻视角局限的有效补充和修正，电视新闻也因而具备了一种对于新闻事件更广阔的全景化公民视域。

三、传播渠道多样化

在媒体融合的形势下，节目内容的传播平台已经由过去传统的电视机，变成了现在的电脑、手机。由于不同的信息传播平台在传播方式、管理方式上都有所不同，所以，对于节目内容的要求也有所不同。对于传统的信息传播平台电视来说，每个不同的专业频道相对来说有着比较固定的受众，所以说，不同的频道的节目内容相对没有那么大的伸展性。对于新的媒体形式电脑和手机来说，传播的内容就不能是把电视里的节目内容生硬地搬到电脑和手机里，而是应该针对这两个新型传播媒介的特征，从节目的设计、创意等方面下功夫。

（一）电视新闻平台对网络资源的利用

信息时代的一个显著特点就是媒体融合，传统纸质媒体、广播电视及网络媒体相互交融，它们是对立统一的，既相互竞争，又相互促进。就新闻资源来说，由于网民的数量越来越大，网络也是各类新闻消息的重要来源，电视新闻平台在经过考证之后往往能够从网络上获取大量有效、可用的选题。新旧媒体的状态已经由最初的竞争、对立转向先进的融合发展阶段。

（二）电视新闻节目在新媒体平台的扩展

随着网络技术的发展，手机媒体已成为电视媒体不得不重视的另一块新闻传播平台。越来越多的电视新闻栏目通过二维码、微博、微信等方式开设新的传播空间。

以微博为例，虽然微博用户和电视观众处于两种接收终端下，但随着电脑、手机等网络终端的普及，个体作为网络用户与电视观众的双重身份正日益融合，这为电视新闻节目在微博上的传播提供了前提条件。

微博属于网络平台，其消息来源一般迅速且不经有序组织，而电视新闻从选题到最终播出要历经重重制作和审核，二者之间有相当长的时间差。因此，电视新闻常常选用微博消息为选题，并进行专业化的制作和深入剖析，让观众能够更清晰地了解新闻事实的来龙去脉，起到了"画龙点睛"的作用。据统计，现已有超过40家卫视频道、112家地面频道在新浪微博上注册，主流电视媒体及品牌栏目基本上都开通了微博平台。在微博热潮如火如荼的当今时代，电视媒体主动寻求与微博的融合共生已成为普遍现象。可以说，以微博为代表的网络媒体的发展完善，将会对电视媒体乃至整个大众传播领域的进一步发展产生积极的作用。

电视媒体可通过微博对播出的栏目进行即时宣传与跟进。不同于传统纸质媒体内容生产与传播的时间规律，电视媒体有整齐的线性播出编排。首先，可以利用微博发布当天节目预告，包括播出时间和内容提要，并可以通过对节目内容的悬念式预告激发观众的观看兴趣。其次，节目播出中和播出后，电视栏目可以通过微博与观众沟通，例如开展有奖互动、收集反馈意见等。再次，可以将电视节目内容植入微博中，如湖南卫视栏目《播报早看点》和《播报多看点》中有百科问题调查揭秘类内容，卫视在节目播出前一小时左右发布今日揭秘问题吸引观众收看，节目播出后再发微博揭示真相。如此不仅能实现节目内容的多平台传播，也能够提升对媒介产品的推介力度。[1]

（三）电视节目形态的创新

在媒体融合的形势下，节目的内容要以服务大众为主。因为在媒体融合以后，电视的功能不仅仅是传播信息，它还可以收集信息、玩游戏、购物缴费等，那么在制作节目时，内容必须含有大量的服务信息，以方便广大受众。同时，当下电视媒体发起的活动与电视内容有较多融合，活动即内容，内容即活动，而这也是电视媒体可以利用微博传播的重要原因。因此，推介栏目、传播品牌，是电视新闻频道及栏目使用微博的最佳途径。

例如，明星"微访谈"是非直播类节目开展网络推介的一种有效方式。辽宁卫视《王刚讲故事》曾花费3年时间跟踪报道"彭文乐被拐案"，并制作了深度专题报道。在2011年3月，节目组得知彭文乐通过"微博打拐"终于成功回到家中后，迅速前往彭文乐父子重逢的新闻现场，并制作播出《彭文乐归家》一片，反响热烈。随后，节目组邀请了王刚做客新浪微访谈，以"微博打拐"为话题展开探讨。作为人父，王刚在访谈中对此感触极深，与微博网友积极互动，表达了自己的立场，弘扬了正能量。王刚事后表示："很新鲜、很愉快，一小时的时间太短暂，意犹未尽！"这次微访谈彰显了媒体和明星

---

[1] 吴占勇：卫视微博：自媒体时代电视品牌传播的创新平台，《新闻爱好者》2012年第6期，第9页。

的人文情怀,迅速登上了微博热搜榜,大大地增强了辽宁卫视和《王刚讲故事》节目的影响力。

四、社会舆论空间大大拓展

意见信息历来是媒体传播的重要内容,它既有传播者对他人意见的传播,也有传播者个人意见的直接表达。传媒技术变革的重要价值之一就体现在它激发了个人意见的自主表达,拓宽了意见表达的话语空间。

(一)舆论环境与话语空间

从传统意义上来看,新闻传播者和新闻受众并不处于平等地位,传播者牢牢把控着新闻舆论的导向,受众只能被动接受。媒体融合时代的到来,使传受双方真正平等的交流和沟通成为可能。互动媒体为传播者和受众提供了一种直接对话的形式,受众可以更深入地参与传播活动,更少地受到传播者的影响,从而增强对传播过程的控制。互动电视带来的是一种"一对一"的沟通方式,也是一种信息双向流通的传播模式,由此打破了传统电视传播由中心向边缘扩散的模式,消解了传播者的中心地位和支配力量,建构了一种新的传播者和接受者相互制约、相互支配的动态平衡系统。在交互的信息传播过程中,受众可以直接参与传播活动,即时地与传播者沟通,可以发出自己的声音,成为信息的发布者和内容的提供者。此时,信息的传播和反馈不再处于分离的状态,传播相对于反馈不再享有显著的特权,受众得以真正成为电视传播活动的主导者,实现与传播者地位的真正平等。传播者和受众的关系将走向平等与去中心化,在此基础上建立的传播活动也会更加合理,更加健康。

转型期的中国,社会矛盾开始凸显、媒介内容走向膨胀,受众对信息数量和质量的需求都日益提高。随着媒体融合的深入推进,接收和传递信息的渠道变得越来越便捷、畅通,任何一起社会热点事件都可能转变成为公众热议的新闻话题，但同时媒体融合的媒介环境下多样态的观点和事实的呈现也可能引发公众对事件舆论的日趋分散化。传统的舆论生成机制随之发生变化，大众传媒以其权威和专业地位所传达的官方话语长久以来对于舆论的主控作用将有所式微，民众的声音和话语将得到更多的呈现和重视并影响舆论的最终生成和走向。

在这种情况下，电视新闻媒体作为承载国家主流意识形态功能的权威载体，应该成为媒体融合下民众传达观点和看法的重要舆论通道。具体而言，在公共舆论空间热点话题已经形成、渐趋高潮时，民众往往会议论纷纷，发表各种不同的见解，而此时电视媒体要力求实现在多元观点中确立主导观点，在众声喧哗中唱响主旋律。在媒体融合的媒介环境下，电视媒体需要不断提高舆论引导的公信力、权威性、影响力，而合理地运用电视新闻评论的节目形态和话语方式无疑是一种行之有效的途径。

（二）媒体融合下新闻评论的转型

电视媒体是置身于整个社会公共舆论空间的，但又是其中极为重要的一极。网络的出现和兴盛一度对于我国公民话语空间的拓展起到重要的推动作用：网络出现以前，普通大众既无法自主地在传统的单向公共传媒平台上发表意见，也没有其他能够传达舆论的渠道；网络的出现另辟蹊径地为他们在官方渠道之外提供了一个发表言论和观点的话语空间。媒体融合将成为继网络之后另一个拓展社会舆论空间的契机。

传统电视媒体的新闻评论尺度是受到相关部门的严格监管的，稍有出格都会受到限制甚至追责，而媒体融合后，一方面，电视媒体所处的社会舆论大环境会进一步朝着更加多元、开放、自由的方向发展，另一方面，更多来自民众的声音会越来越多地被电视新闻传媒所吸纳和呈现，因此在这种背景下，广大的电视用户对于电视舆论空间的拓展有所期待，政府主管机构和电视媒体本身对于电视舆论空间和媒介言论的尺度也在逐渐放宽。电视新闻评论在电视媒体对社会舆论的引导中将发挥重要和积极的作用，同时在媒介竞争日趋激烈的今天，想在事件内容上做到独家已有难度，但在言论原创上仍有较大空间。媒体融合下的电视媒体应该更加重视电视新闻评论，并不断创新观念、创新内容、创新方法，把新闻评论作为转变角色的切入点，努力探索、开创舆论引导的新模式。

媒体融合后的电视新闻评论方式将发生重大变化。首先，电视新闻评论的主角将不仅仅是传统电视媒体的专业评论人员，普通公众也将作为公共事件的参与者加入新闻评论中去。电视新闻评论对于普通观众来说已不仅仅是"你劝说我聆听"的毫无对等交流的说教，而是也可以通过网络平台、手机平台参加对某一新闻事件的讨论，普通观众也将通过新兴的媒介方式"手握麦克风"，发出对等的声音。这将是电视新闻评论的一次质的改变。其次，电视新闻评论的话题将更加公共化、日常化。传统的电视新闻评论往往针对的是重大新闻事件，配合舆论引导宣传的要求作出。而针对普通老百姓关心的身边的公共性新闻事件往往关注较少。由此造成电视新闻评论的公众参与度不高。媒体融合后的电视新闻评论，新闻题材更加广泛，评论对象更加丰富，公众能够针对身边人、身边事畅所欲言，舆论空间的话语多样性自然大大增加。最后，传统电视新闻目的性、功能性突出，由于缺少即时反馈环节，只能是新闻评论者对已预设的结论进行论证说明，并未真正起到"讨论"的作用，电视新闻评论的宣传目的自然是突出了，但方式生硬，容易造成逆反心理。而在媒体融合后的电视新闻评论，能够在网络通信技术与互联网技术的基础上，即使是电视新闻直播，也可随时连线网络用户、手机用户对相关公共话题进行探讨，舆论空间中各方力量逐渐平衡，话语空间得到完善。

总体而言，电视作为传统的主流媒体，在面对媒体融合下新的舆论格局时，不仅要利用交互式的媒体融合平台积极为广大受众提供畅通言论的渠道和话语空间，还要努力通过创新电视新闻评论等方式积极介入社会热点，及时求证事情真相，理性回应社会关切，有效引导社会情绪，这也是电视媒体正确引导舆论的职责所在，主动迎接现实挑战的正确选择。

参考文献

[1] 马梅、周建国、肖叶飞：《广播电视新闻学教程》，中国科学技术大学出版社2013年版。

[2] 谭天：《广播电视新闻研究》，暨南大学出版社2012年版。

[3] 林林：《广播电视新闻实务教程》，重庆大学出版社2016年版。

[4] 郝朴宁、覃信刚：《广播电视新闻评论》，重庆大学出版社2013年版。

[5] 王振业、李舒：《广播电视新闻评论》，中国传媒大学出版社2009年版。

[6] 吴信训：《新编广播电视新闻学》，复旦大学出版社2018年版。

[7] 于松明：《广播电视新闻实务》，国防工业出版社2016年版。

[8] 曾祥敏：《广播电视新闻采访报道》，高等教育出版社2013年版。

[9] 杨琳、罗朋、陈燕：《广播电视新闻学》，西安交通大学出版社2016年版。

[10] 陆晔、赵民：《当代广播电视概论》，复旦大学出版社2010年版。

[11] 张骏德：《现代广播电视新闻学》，四川人民出版社1996年版。

[12] 陈林侠：《广播电视概论》，暨南大学出版2013年版。

[13] 何志武：《重构"三网融合"对广播电视新闻传播的影响》，华中科技大学出版社2016年版。

[14] 吴玉玲：《广播电视概论》，中国传媒大学出版社2007年版。

[15] 哈艳秋：《当代中国广播电视史》，中国国际广播出版社2018年版。

[16] 蔡尚伟：《广播电视新闻学》，复旦大学出版社2006年版。

[17] 周鸿铎：《广播电视经营与管理》，经济管理出版社2005年版。

[18] 孟建、黄灿：《当代广播电视概论》第2版，中国传媒大学出版社2016年版。

[19] 仲富兰：《广播电视评论教程》，复旦大学出版社2007年版。

[20] 彭菊华：《广播电视写作教程》第 2 版，中国传媒大学出版社 2016 年版。

[21] 李书贤：《广播电视口语表达技巧》，山西经济出版社 2016 年版。

[22] 王振业、李舒：《广播电视新闻评论》，中国传媒大学出版社 2009 年版。

[23] 项仲平、张忠仁：《广播电视文艺编导》，浙江大学出版社 2014 年版。

[24] 史萍、倪世兰：《广播电视技术概论》，中国广播电视出版社 2003 年版。

[25] 巨浪：《广播电视节目策划》，浙江大学出版社 2009 年版。

[26] 徐先贵、刘彤：《广播电视一体化教程》，中国传媒大学出版社 2011 年版。

[27] 郭镇之：《中外广播电视史》，复旦大学出版社 2005 年版。

[28] 梁骞：《广播电视数字新媒体技术》，内蒙古科学技术出版社 2015 年版。

[29] 陈笑春：《电视新闻采编学》，四川大学出版社 2007 年版。

[30] 王志敏：《电视新闻报道教程》，中国传媒大学出版社 2014 年版。

[31] 熊高：《电视新闻节目学》，武汉大学出版社 2011 年版。

[32] 方东明：《电视新闻》，甘肃人民出版社 2005 年版。